新课程怎么教丛书

U0589159

XINKECHENG
SHENGWU
ZENMEJIAO

新课程 生物 怎么教

怎样才能很好地适应新课程？怎样才能在新课程教学过程中给学生营造一个良好的氛围，建立平等、民主、信任的新型师生关系？怎样才能引导学生的情感处于积极的、自由的、宽松的心理状态，能自主的参与数学课堂学习？使课堂气氛活跃？我认为要解决这些问题就需要自身不断去积累，不断去学习探究。下面就《新课程怎么教》谈谈自己在学习中的一点体会。

杨 敏　本书编写组◎编著

Xinkecheng
Zenmejiao
Congshu

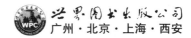
世界图书出版公司
广州·北京·上海·西安

图书在版编目（CIP）数据

新课程生物怎么教／《新课程生物怎么教》编写组
编．—广州：世界图书出版广东有限公司，2011.3 （2024.2 重印）
ISBN 978 – 7 – 5100 – 3333 – 9

Ⅰ．①新⋯ Ⅱ．①新⋯ Ⅲ．①生物课 – 课堂教学 – 教
学法 – 中学 Ⅳ．①G633．912

中国版本图书馆 CIP 数据核字（2011）第 036093 号

书　　名	新课程生物怎么教
	XIN KE CHENG SHENG WU ZEN ME JIAO
编　　者	《新课程生物怎么教》编写组
责任编辑	王　红
装帧设计	三棵树设计工作组
出版发行	世界图书出版有限公司　世界图书出版广东有限公司
地　　址	广州市海珠区新港西路大江冲 25 号
邮　　编	510300
电　　话	020-84452179
网　　址	http://www.gdst.com.cn
邮　　箱	wpc_gdst@163.com
经　　销	新华书店
印　　刷	唐山富达印务有限公司
开　　本	787mm×1092mm　1/16
印　　张	12
字　　数	160 千字
版　　次	2011 年 3 月第 1 版　2024 年 2 月第 3 次印刷
国际书号	ISBN　978-7-5100-3333-9
定　　价	59.80 元

本 册 编 委

主　编

郭宏伟　吕鹤民　张文华

编　委

崔　颖　何　文　陈　晟　胡少华　温　和　马　萍　吕佩环

序　言

　　新课程改革是进入新世纪以后影响我国教育的一件大事，它正在逐渐走进中小学的课堂，重新规范中小学教师的一系列观念、行为。在新课程实施中，有的教师将课程单纯视为教学内容的变革和教材调整，认为只要把新的知识结构教给学生就完成了新课程赋予的使命；有的教师将新课程的实施单纯视作课堂教学方法的重新调整，认为只要教学上体现出新课程的要求就可以了；还有的教师将课堂上学生的参与当作新课程实施的典型体现，认为只要在课堂上和学生互动了，新课程的要求也就实现了……凡此种种，都反映出一些教师对新课程改革认识上的偏颇，导致的结果是课堂并没有真正活起来、动起来，学生的学习方式并没有得到真正的改变，学生的生活世界并没有真正受到关注，学生的生命价值并没有得到真正的体现。

　　其实，新课程改革不是换一套教科书，而是教育领域一次深层次的彻底革命。这场以转变教学理念为先导，以课堂教学改革为核心，以提高教师素质为突破口，以转变教学方式为手段，以"一切为了学生发展"为目标的全面改革，旨在通过培养学生的创新精神和实践能力，全面推进和实施素质教育。新课程改革将改变学生的学习生活，也将改变老师的工作方式、生活方式乃至生存方式。老师的角色已变成学生学习的促进者、引导者、教育教学的研究者、课程和开发者和创建者。所以说，新课程对广大教师来说，既是机遇，又是挑战，教师能不能明确意识到自己面临的机遇和挑战，能不能做出积极的回应和改变，能不能尽快走进新课程，是新课程能不能顺利实施的根本保证。

基于此，我们特别组织了国内新课程实验区示范学校的核心专家和一线教师编写了"新课程怎么教"丛书。这套丛书以初中新课程标准为主，旨在为中学教师实施新课程提供一个创造性的平台，引导教师把新课程的理念落实到每一个教学活动中、落实到每一个学生的身上；帮助教师根据教学目标设计各具特色的教学活动；为教师提供丰富的课程资源；为教师科学地运用评价功能，提出多元的方法和可操作性的建议。丛书具有以下显著特点：

一是理念新。课程改革，首先是更新教育教学理念的问题。理念新了，以理念为基础形成的教学方法及其体系才能适应新课程的要求。那么，新课程是建构在哪些新理念之上呢？这些新理念与传统的教育教学理念有什么关系呢？教学实践中，我们又要怎样贯彻落实这些理念呢？本套丛书以现代教学理论为基础，结合实验区教学实践通俗易懂地回答了上述问题。

二是内容新。它与新课程实验息息相通，采集援引了大量的新课程实验区的鲜活的教学案例，这些案例用最生动的材料记录了在实验一线的教师的思考，尤其是教学过程实施的具体方式，是一份很难得的关于中国基础教育课程改革的参考文档。

总之，本套丛书既是新课程的理论探索和实践操作的高度融合；又是教育科学性与艺术性的高度统一；更是全国各实验区教师对新课程探索实践的智慧结晶，具有全面、系统、通俗、实用、操作性强之特点。

当然，由于时间仓促，以及理论研究本身的不足，这套供广大中学教师使用的丛书难免存在谬误之处，敬请学界同行和广大教师批评指正，以便我们不断修订完善。

最后，让我们共同期待"新课程怎么教"丛书，对广大教师理解新课程，走进新课程，提高教学水平发挥出积极作用！新课程需要我们共同学习，不断探索，勇于创新实践，才能不断完善！

前　言

随着生物课程改革的不断深入，许多生物教师都亟需获得教学理论和实践上的帮助。面对新课程改革的课程标准，教师想要弄明白课程改革的实质是什么？如何在新标准的要求下上好一节生物学课程？尤其是对于一些新入职的生物教师来说，更是迫切想知道这些问题的答案。本书就是对一线教师的研究和实践经验进行总结，通过理论分析和课堂教学实录的形式，试图为同道们提供一些帮助。

本书分为理论阐释和教学案例两个部分。

本书的理论阐释部分，是对生物课程改革的新课堂要求进行了阐述，通过对准备教学设计中的关键点进行分析和探讨，简单地介绍了一些教学设计中的应对策略。重点说明了教学过程是师生交流、生生交流的重要意义。

教学案例部分，是按照生物学课程标准的十个主题，分门别类地编选了一线教师的教学案例。这些教学案例，以教学设计和教案设计的理论要求为基础，从学情分析、教学分析、教学目标、教学重点、教学难点、教学方法和教具准备等方面进行详尽分析，对教学过程的教师行为、学生行为和教学设计的思路也做了明确的解析。

这些教学案例，主要以人教版《生物学》和北京版《生物》教材为蓝本，展现了一线教师形式多样、风格各异的课堂教学过程。教学案例收集了教授课程、探究课程、实验课和网络课程等几种类型，每个案例都力求体现《国家基础教育课程改革指导纲要》对中学生教育的要求，以《生物课程标准（实验稿）》为依据，以初中生物教学的知识体现为主脉，梳理了课堂教学的过程，以比较简洁的形式呈现出来。

　　需要说明的是，本书只是就教学设计中的一些基本内容作了介绍，提供教学案例也只是一线教师的一部分工作的呈现。限于篇幅的原因，对教学过程中遇到的疑难问题和如何应对教学过程中的关键事件，没有能展开讨论。实际上，在完成本书的编写工作后，就发现许多要说的话还没有写，这也成为笔者继续开展生物教学研究工作的一个动力。

　　说到底，生物课程教学是一个谈论不完的永久主题，每一个教学内容都有着继续探索的价值。一线教师在教学过程中遇到的每一个问题都是一个科研的资源，对于教学的经验和方法的积累为后来进入教学工作者都是一笔宝贵的财富。教学过程不是一个经验堆栈的储蓄过程，而是一个不断发现问题、解决问题、理论提升的研究过程。每一位生物教师都要有做教学研究的意识，在教学实践的过程中不要害怕遇到困惑和不解。教学工作其实也是教师经历着不断探究的过程，教师通过体验着探究的每一个步骤，更能够深刻地体会教学科学的深远意义。希望，本书能够成为一个引子，让更多的人能够参与到生物教学的研究和讨论中来。

目录 CONTENTS

CONTENTS 目录

目录 CONTENTS

新课程理念下的生物教学

　　新的生物课程标准对生物教学提出了新的要求。让学生参与课堂教学，学会学习、学会探究，掌握科学的学习习惯和探究的方法，逐渐具有科学能力和素养，成为生物教学中必须体现的特点。在新背景下，生物教师必须在了解学生的基础上才能选择适当的教学方案；在正确理解课程标准的基础上建立课堂内容的框架；在筛选资料的基础上确定课堂环节；在进行课前预设问题的基础上设计每个教学环节的衔接。

一、新课改对生物课堂教学的新要求

新课程改革前的教学中，教师的作用曾经被放大，教师曾经就是知识的化身，是前锋，带领着学生向知识的方向前进。比较多国教育对教师的要求，《国家基础教育课程改革指导纲要》要求教师是指路者，引领学生理解学科，指导学生学习的方向。让学生在某一个阶段能够很清醒地认识所学知识的内涵，清楚地看到学习的路径——科学的学习方法，进而会使用科学的方法进入到下一阶段的学习，学习更多的知识，在生活中找寻科学问题，用科学的知识和方法，甚至是创造出符合科学规律的方法解决生活中的问题，最终养成终身学习的习惯。对教学实施过程变化的理解使得教师身份发生变化，呼唤教师在教学中重新定位。这种教师角色的变化主要体现在课堂教学过程中。

研究新课程标准的要求，再对课改前后生物学课堂进行比较后就不难看出，课程改革对课堂的师生交流有一定的变化。对比两个教学交流中的变化，能够帮助教师改变学生的被动学习的状况，可以把课堂教学变成一个学生为学习主体的空间。

图1、图2是教学交流模式图。用箭头的方向表示在师生之间、教师之间和学生之间的交流方向。

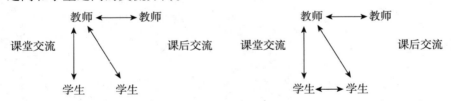

图1　曾经的教学交流模式　　图2　新课程改革下的教学交流模式

以教学中的知识交流为例，课堂中的知识交流起始于教师预设的内容。教师按照教学计划，依照课程标准的知识目标要求，将知识传递给学生。学生是否理解新知识，理解的程度都反馈给教师，教师及时作出判断，确定课堂的教学进度。

新课程改革前的课堂交流如图1所示。教师是课堂的主角，课堂交流仅限于教师与学生之间。忽视了同年龄学生之间的认知差异可以通过学生交流起到互补的作用。虽然教师能够要求理解能力好的学生在课下指导帮助较差的学生，希望能够通过同年龄人的交流有效地提高学生们的学习差异。但是，课堂上发生的问题的一瞬间就可以解决的问题，在课下很可能被学生遗忘，往往是较好的学生再给别人讲一遍后，有了更多的理解，进步更快，被帮助者的提高不理想。认知的提高在帮助者一方的效果好，被帮助者的提高较慢，不能够达到对等的双向互利学习的目的。

新课程改革下的课堂交流如图 2 所示。课堂活动是让学生在教师设定的情景中进行讨论、交流。学生间的交流通过质疑、否定或赞同对方的理解完成的。学生的交流比学生和教师间的交流更容易。同学间的认知水平差异不大，能够互相理解他们要表达的思想。但是由于他们生活环境的差异，使得对新知识的认知角度存在差异，理解层次也存在差异。学生间的交流可以减小这种差异，同时达到相对一个层次的共同理解和一起提高的目的。交流后的学生展示能够真实地反映学生对新知识的理解水平，帮助教师准确地掌握学生对新知识的理解程度。

学科知识的交流是教学的中心，课堂是知识交流的场所，教师对课堂的整体把握和驾驭能力是能否完成知识交流和知识传递的关键。课程设计是教师在课堂传递知识的计划，是实施知识传递的根本。学案设计是否适当，是教学的起点，也是课堂教学重要的内容。教师进行生物学科教学的第一步要做好教学学案的设计。

二、生物教学知识背景分析

新课程标准对不同教学年龄的教材知识内容做了定位，对初中学生生物学的知识有整体的要求，教师在进行教学之前对教材的分析不能流于对知识的内容的了解，而是对每部分知识的关系和所在位置充分理解。

1. 一节课的内容在教材整体中的地位和与前后课程内容的联系

教材中前后知识的顺序是相联系的，是一个整体。前面的知识内容是后面的知识的基础，后面知识的内容是对前面知识内容的进一步的解释和分析。每一节课的内容在每一个单元的作用是不可缺少的，这要求教师有系统的视角。在分析本节课的内容之前，要明确这一节课与单元中相关内容的联系，与整个初中知识体系的关系，与高中生物知识中相关知识的联系。

例如：人教版《生物学》第五单元——生物圈中的其他生物，第一章各种环境中的生物，第一节水中生活的动物——鱼。这节课的知识与第三主题生物与环境的第一部分生物的生存依赖一定的环境，第二部分生物与环境组成生态系统；第八主题生物的多样性第一部分生物的多样性中的内容相联系，是承上启下的学科内容。

2. 科学知识与生活的联系

生物学科的知识和理论与生活有着紧密的联系，教学的最终目的在于使学生能够解释和解决生活中的相关问题——学会生存。分析课程中与学生生活的关系、解决学生生活中的问题是对教材分析的另一个重要内容。处理好书本理论与现实问题之间的关系，对学生学习的兴趣提高起着重要的作用。例如：均衡营养，合理膳食问题。北京版《生物学》七年级上册第四章——生物的营养，第二节——人和动物的营养中第一个问题——人和动物的食物（二）均衡膳食的内容，能够帮助初中学生理解食物中的营养物的重要性，解决初中学生在饮食中由于挑食偏食、暴饮暴食问题导致营养不均衡的现象。

三、教师要分析学生学情

教师的服务对象是学生，对学生的年龄心理与生理特点、对学生已有的知识的储备与来源的分析是首位的。

1. 学生的年龄心理与生理特点的分析

随着青春期的到来，初中生在生理上出现了急剧的变化，使他们产生了成人感，这必然给他们的心理活动带来巨大影响。初中的学生已形成了初步的心理状态，心理活动往往处于矛盾状态，其心理水平呈现半成熟、半幼稚性。他们产生了对成熟的强烈追求和感受，渴望教师能给予他们成人式的信任和尊重。但是初中学生的思维虽然已经是以抽象逻辑思维为主要形式，但水平还较低，处于从经验型向理论型的过渡时期。思维创造性和批判性明显增加，但思想方法上仍带有很大的片面性及表面性。在人格特点上，还缺乏成人那种深刻而稳定的情绪体验，缺乏承受压力、克服困难的意志力。

根据学生的心理特点，教师可以设计通过对资料的分析强化学生的抽象思维方式；以小组为单位的活动，让学生有机会表达自己的观点，评判别人的认识方式；以现实生活中的实例为题目，为班集体或家庭解决一些问题。例如：在"均衡膳食"的课堂里为家庭成员设计食谱的活动，既满足了他们的兴趣，也增强了对家人的责任。一份成功地被家人认可的食谱不仅能够满足学生被信任的心理，还能够使之有了成为"有用的成人"的意志。

2. 学生已有的知识的储备与来源的分析

学生的认知过程是一个不断变化的过程。在这个过程中知识的积累是必要的。对新知识的认知建立在旧认识的基础上，促进学生新知识的解释和理解。认知是通过对概念、规律的构成和完成过程来实现的。对生物学科的认知也是这样的过程。清楚学生的已经拥有的概念，是保证新课程的前提。

例如：北京版《生物学》七年级上册第三章——生物体的结构，第二节——生物体之"单细胞生物"一课中，安排学生利用显微镜观察一滴池水中单细胞生物以及观察草履虫。这节课要求学生使用显微镜的操作内容在本册第二章——生物学的研究方法，第二节——中学生物实验的常用工具中有显微镜的规范使用的内容。如果学生没有对显微镜的作用的理解，不会显微镜的基本操作，观察草履虫的实验就不可能完成。

3. 本学校学生的具体情况

由于学校生源的差异，每个学校的每个班级中学生的认知水平都存在着差异。新课程标准要求教学设计"面向全体学生"，提出：根据不同的学校条件和学生学习需求，因材施教，促进每个学生的充分发展。教师在准备课程之前，必须熟悉每一个教授对象，在学案设计中顾及每一个学生的认知差异和认知过程，力求达到新课标中"全体学生通过努力都应达到基本要求"的目标。

例如：北京版《生物学》教材七年级下册中第九章——生命活动的调

新课程理念下的生物教学

节，第一节——神经调节里第二个问题"神经调节的基本方式"。反射、反射弧、条件反射和非条件反射等知识点抽象不易理解，教师在教学设计上就采取了大量实验和实例分析，将抽象的知识具体化，多次使用有利于记忆分析、固化知识，减小对知识理解的难度，帮助存在认知差异的学生理解。

四、确定教学目标

在《基础教育课程改革纲要（试行）》中"课程标准"部分指出，课程目标的设计思路"应体现国家对不同阶段的学生在知识与技能、过程与方法、情感态度与价值观等方面的基本要求，规定各门课程的性质、目标、内容框架，提出教学和评价建议"。《生物课程标准（实验稿）》的"课程具体目标"对知识、能力和情感态度与价值观三个方面有具体的要求。这三方面的标准中知识目标是课堂教学的基础目标，也是其他教学目标实现的前提。在教学过程中，确立和落实知识目标是首要的任务。

教师对"知识目标"的确立依据要根据课程的要求，梳理本节课程的知识架构，确定教材的主干知识，建构每一主题内容的基本事实、概念、原理和规律的相关性。教师在了解学生的知识结构和认知规律的基础上，确定教学的重点和难点。

"能力目标"是建立在"知识目标"基础上，其确立是为了培养学生的综合能力。学生的能力是多方面的，但在一节课的课堂教学中教师只能解决其中最主要的一个能力作为培养目标。

"情感态度与价值观"目标一般包括对己、对人、对自然和社会及其相互关系的情感、态度与价值判断。教师不是把某种态度情感生硬地写入教学目标中，而是根据生物学科的特点，将教材中蕴含的情感态度、价值观与自然、身边的现实问题以及科学研究的态度有机地融合在一起。

教学目标的三个维度是交融互进的。"知识和技能"目标只有通过对学生的测试和在实践运用的过程中体现它的价值。在学生积极反思和掌握相关知识的关系后，才能实现生物学科知识的建构。"情感、态度和价值观"目标只有伴随着学习者对生物学科知识技能的运用，才能得到真正确定并得到提升。积极的情感和态度又会给学生以学习动力，在生活实践中体现知识和技能存在的价值。

新教材在内容安排上具有较大的弹性，教师在使用时必须要进行加工处理，一方面教材上出现的内容不一定都讲，另一方面教材上较为概要或没有的内容需要适当展开或补充，如何取舍增补，都需要教师深入探讨分析。这样才能更好地理解和把握教材，进而提出恰当、准确的教学目标，发挥好教材应有的作用。

教学目标的制定要明确学生的学习内容，使用的行为动词要准确，文字叙述要详细。"知识目标"要可测量、可评价。例如：北京版《生物》教材第四册第十五章——生命的起源和生物的进化，第二节——生物的进化中第二部分"生物进化的历程"中"生物进化的原因"部分的知识目标定为：①能够说出植物和动物进化的大致历程，并在此基础上初步认识生物进化的基本规律②能用自己的语言解释人工选择和自然选择的基本内容，以及对新品种、新物种的形成所起的作用。这样的知识目标定位明确精准，描述详细恰当。

"过程与方法"和"情感态度与价值观"教学目标描述的行为动词是体验性的、过程性的，同时要明确安排学生表现的机会。例如：北京版《生物》教材第四册第十一章——生物的生长和发育，第一节——植物的生长和发育中"种子萌发的条件"课程的描述：①认同科学实验是人类认识自然规律的重要途径；②通过分析种子萌发的内部条件和外部条件的学习，初步树立事物变化的内因与外因的辩证唯物主义的观点——外因是变化的条件，内因是变化的根据；③渗透善于倾听是良好的人文素养。对"情感态度与价值观"的描述准确、到位。

五、设计科学合理的教学过程

1. 落实教学目标的方法

教师在做好前面三个方面的工作后，就要着手选用各种适当的教学方法，对确定的教学目标落实在教学过程的设计中。常用的方式有以下几种：

（1）创设恰当的情境，激活学生的思维，利于对新知识的掌握

创设的情景要与学生原有认知结构中的经验发生联系，以使他们能用现有的知识同化新知识。适当的情景创设可以用于导入新课程，还可以导入新知识。

例如：北京版《生物》教材第三册，第十一章——生物的生长和发育，第二节——人体的生长和发育的课程导入，让学生展示成长历程照片，在学生观察注意不同时期的照片上所反映出来的不同特征后，提出问题：我们每一个人都是在母体中由一个受精卵发育成胚胎，孕育成胎儿，当我们呱呱坠地后，我们又经历不同的生长发育阶段，然后开始了对人体生长发育的课程内容。再如：人教版《生物学》教材七年级下册第四单元——生物圈中的人，第二章——人体的营养，第三节——关注合理营养与食品安全中，对食品污染的分析后学生对食品的安全产生了恐惧，教师创设了家庭生活的情景，让学生回忆和分析家庭对食品污染的对策，引出下面"中小学生日常饮食八大注意"新知识内容。

有趣的情景可以调动学生学习的积极性，可以激发学生积极地思考，减少对新知识的抵触情绪，主动地参与课堂交流。情景的创设是教师个性化设计的体现，是在深刻理解教学内容的基础上，对教学资源的整合和提升，形式和内容极其丰富。对于刚入职的教师来讲不要照搬别人的模式，要根据教学的要求、学生的特点和教师个人的特性，找到适当的方式。

（2）强化自主探究，寻求问题解决途径

自主探究法是在教学实际工作中，让学生根据生活情景自己提出问题，应用他们所学的知识有计划、有目的、有步骤地进行研究、探索或认识客观事物，从而获得结论的学习方法，是培养学生创新能力的一种教育教学模式。

科学探究的基本过程是：提出问题、作出假设、制定计划、实施计划、得出结论、表达和交流。在教学中，教师要把学习过程变为提出问题和解决问题的过程。教师引导学生发现以待解决问题的清单，然后确定收集知识和信息的渠道、途径和方法，再对收集所需要的知识和信息进行分析和处理，最后利用这些知识和信息解决问题。

例如：人教版《生物学》教材八年级上册，第五单元生物圈中的其他生物，第一章各种环境中的生物，第一节水中生活的动物——鱼的学案中，"在研究鱼鳍的作用"时，帮助学生提出"是不是我们大家经常说的：鱼在水中靠鳍游泳？"的问题。同时，投影出其他的问题，帮助学生完成假设、设计实验方案。在通过学生对实验的观察，描述了实验现象（证据的收集），学生讨论后得出结论，再通过小组汇报进行实验组的交流。虽然这个探究性的实验比较简单，但是学生们体验到了探究的全过程，达到了体现方法和过程内化的目的。最典型的例子是人教版《生物学》教材七年级上册，第一单元——生物和生物圈，第二章——生物圈是所有生物的家，第二节——环境对生物的影响的"光对鼠妇生活的影响"学案。学生经历了探究的全过程，即①发现问题：翻开遮挡物，鼠妇会很快跑开；②光会影响鼠妇的生活吗？③作出假设：习惯（喜欢）在阴暗的环境中；④制定计划；⑤实施计划：仔细观察，认真记录，各小组在表格内填写实验数据；⑥得出结论：分析实验数据，得出结论，实验结论通常是对实验假设作出肯定或否定的回答）；⑦表达和交流。

（3）重视课堂交流与协作学习

教学中的交流作用已经在前面进行了阐述。在课堂上师生间的交流体现在教学的每个环节中，不过，教师要给学生留出发挥自主性和创造性的空间，要给学生提供在不同的情境下学生间的交流，为之创造建构知识、运用知识、表现自我的多种机会，让学生通过主动学习形成"自我监控、自我反思、自我评价、自我反馈"的自主学习方法。

在后面的学案中北京版《生物》教材八年级上册，第十一章——生物的生长和发育，第二节——人体的生长和发育的教学设计中，就针对绝大多数同学已经进入青春期的情况，请学生们以小组为单位交流。结合近年来自己的身体的外形、生理和心理变化说一说青春期发育的特点。按性别组成讨论小组（每小组6~7人），将各自了解的身体变化用简洁的词汇统计出来，并写在卡片上准备交流的资料。教师在指导学生小组合作过程中，要引导学生的讨论方向，使交流成为有效的教学活动。

2. 教学环节的衔接

每个教学环节就像是电视连续剧的每一集，连接这些单集的主线就是上好课程的关键。往往一个单集的最后都有一个悬而未解的问题，让观众还盼望着在下一集中得到答案。推动每个教学环节顺利进行的关键就是连续相关的问题。

设问是常用的教学手段，起着引导学生思考方向的作用。设问的内容要与教学内容紧紧相连，对教学环节的内容能起到承上启下的作用。学生在回答问题的同时，解决了对生物学知识的理解和分析。

教师的提问要有针对性和挑战性，但是不易过难、过多，要兼顾到中学生的知识层次和认识水平。提问还要有变化，不能是千篇一律的模式。同时鼓励学生提问题，引导学生在课堂学习过程中敢于提问，学会提问的技能。

3. 教学资源的取舍

教材是教师组织教学的依据，大胆地重组教材内容、合理地拓展教材知识，使其与学生的认识规律和认知结构相吻合，是为学生实现知识的同化做好准备。教师在充分理解课程标准的基础上，提炼教学核心知识点，根据学生的情况和课程标准的要求，让学生准备学习材料，把教材内容变成学生自主学习的内容。这种方式大大增强了中学生对所学知识的理解和运用所学知识解决实际生活问题的意识。

多媒体的使用与传统教学手段协调互补，可以配合观察、实验、讨论、阅读及复习纲要。多媒体在教学中是为教学服务的，不能完全替代传统的教学手段。媒体内容的选择必须以教学内容和教学效果为依据。在多媒体教学中要特别注意与教学语言的配合。在使用媒体时教师语言要与媒体所结合，才能让学生充分理解教师语言所要表述的深层含义。例如：多媒体内容的选择要根据学生的认识水平而确定。中学生的空间想象力还不够，有些生理过程不容易掌握，给教学带来了一定的难度，例如：胚胎发育的过程，可以通过多媒体播放胚胎发育过程中发育初期的录像片，使学生能较容易地掌握和理解胚胎发育的生理过程。另外，生物界的微观现象或暂时观察不到的现象，通过多媒体再现也是最为直观的手段。例如：染色体和 DNA 在细胞有丝分裂各时期变化。

六、做好教学效果分析

一个教学过程的结束既是教师进行自我评价的开始，又是一个理性地分析教学成败及其原因的过程。通过反思，教师能够不断改善教学行为，提升教学水平，更新教学观念，同时形成对教学现象、教学问题的深层次思考，最终成为"研究型教师"。

教师对教学设计目标是否达成、教学过程每个环节的把握尺度、教学方法是否得当和课堂关键事件的处理进行回顾，客观地对自我作出评判。肯定并发挥优势，找到不足弥补缺憾，分析其中的原因，并设计好解决方案，为下一个班级授课做准备，为新教学内容的设计做前期准备。教学反思是职初教师发展的必经之路，也是一个痛苦和漫长的成长过程。

对教学过程中所有不足和失败方面的纠正不是一两次就能成功的。可以借助其他经验型教师和专家的帮助。对每一个方面的改进也不会一步到位，还要在长期的教学实践中探讨和校正。

新课程理念下的生物教学

第一主题　科学探究

　　科学探究过程包括：提出问题、作出假设、制定计划、实施计划、得出结论和交流表达。在初中生物学的教学中，引导学生理解科学探究和发展科学探究的能力，是学生积极主动地学习知识和领悟科学探究的活动。在教学过程中科学探究的内容应渗透到每个课程中，通过探究活动让学生能够亲自尝试和实践，理解科学探究是获取科学知识和认识世界的重要途径之一，学会科学探究的方法，形成实事求是、严肃认真的科学态度。

课例1 环境对生物的影响

(人教版《生物学》七年级上册　第一单元　第二章　第二节)

为了适应时代的发展，《全日制义务教育生物课程标准（实验稿）》在继承我国现行生物教学优势的基础上，力求更加注重学生的发展和社会的需求，更多地反映生物科学技术的最新进展，更加关注学生已有的生活经验，更强调学生的主动学习，并增加实践环节。

在七年级学生刚刚接触到生物学知识的时候，教材就设计了"光对鼠妇生活的影响"这一探究性实验，重视并学好这一节课，能为学生在今后两年初中生物的学习过程中的探究性实验奠定良好的基础。

一、学情分析

知识技能：通过前几节课的学习学生了解了生物的特征，认识了生物圈，了解了生物圈为生物的生活提供了哪些条件。这节课重点了解环境中的非生物因素和生物因素对生物的生存有什么影响。学生第一次做探究实验，首先要了解探究实验的一般过程，并进一步掌握对照实验的设置，对七年级的学生来说有一定难度。

情感兴趣：很多学生对观察昆虫会表现出很高的兴趣，观察很仔细。鼠妇是非常理想的实验材料，可以培养学生热爱小动物的情感。

二、教学内容分析

本节安排的探究活动《光对鼠妇生活的影响》主要目的是让学生了解探究的一般过程，并且体会控制实验变量和设置对照实验的重要性。因此本节的教学设计应采用探究式教学，注重培养学生的观察、实验、表达与交流、思维等各方面的能力，让学生能从实验中总结探究活动的一般过程，学会、掌握和运用探究的方法。

第一主题　科学探究

三、教学目标

知识与技能：1. 举例说出影响生物生存的生物因素和非生物因素。

2. 举例说出生物之间的联系。

过程与方法：体验探究实验的一般过程，模仿控制实验变量和设计对照实验。

情感态度价值观：1. 培养爱护实验动物的情感，体验认真观察、记录和分析实验现象。

2. 感受小组的合作与交流。

四、教学重点和难点

教学重点：1. 生物因素和非生物因素对生物的影响。

2. 探究实验的一般过程。

3. 对照实验对照条件的设置。

教学难点：探究实验的一般过程和对照实验的设置。

五、教学方法和教具准备

教学方法：讲述法、实验法。

教具准备：实验盘、纸板（或薄胶合板）、玻璃板、湿土、鼠妇和挂图。

六、教学过程

教学阶段	教师行为	学生行为	设计意图
导入	提问：在日常生活中，我们有这样的生活经验，秋冬季节，大多数的树木都会出现落叶现象。这是什么原因？ 提问：我们知道鱼儿离不开水，影响鱼儿的因素是什么？	讲述：热带植物移栽到寒冷的地方不易存活，跟环境中的温度也有很大关系。 回答：水	从学生熟悉的日常生活现象入手，会减少学生学习时的

教学阶段	教师行为	学生行为	设计意图
导入	讲述：主要原因是鱼类不能利用空气中的氧气（这跟鳃的结构有关，在八年级上册会讲到）。	在教师提出问题后思考并回答：外界气温太低。	紧张感，增加对学习的兴趣。
新课 一、影响生物生活的环境因素 二、非生物因素对生物的影响 1. 探究实验的一般过程 2. 探究实验	讲述：一、影响生物生活的环境因素 生物的生存依赖于一定的环境，环境的变化会影响生物的生存。 影响生物生活的环境因素可以分为两类： 非生物因素：如光、温度、水、空气等。 生物因素：食物（生物）、天敌、竞争对手等。 讲解：以上内容可以变成举例说明，"万物生长靠太阳，竹子开花会导致熊猫饿肚子……"这样易于被学生接受。 讲述：二、非生物因素对生物的影响 1. 探究实验的一般过程 发现问题→提出问题→作出假设→制定计划→实施计划→得出结论→表达和交流。 讲解：教师可以结合具体的探究实例加以说明探究实验的一般过程。（参考实例：疟疾、疟原虫和按蚊之间的关系发现史。） 2. 探究实验——光对鼠妇生活的影响 ①发现问题：翻开遮挡物，鼠妇会很快跑开。 ②光会影响鼠妇的生活吗？ ③作出假设：鼠妇习惯（喜欢）在阴暗的环境中。	思考：什么是探究性实验，用什么方法进行探究？	结合生活中的现象，使学生减少科学研究的神秘感，

第一主题 科学探究

新课程生物怎么教

教学阶段	教师行为	学生行为	设计意图
	④制定计划：见课本 P16 重点讲解：结合光对鼠妇生活的影响实验，讲解对照实验设置的下述两个方面： 一是本实验研究的问题是：光对鼠妇生活影响，光照是这个实验的变量。实验组和对照组的区别应是光照的不同，一组为阴暗环境，另一组为明亮环境，其他条件都相同。 二是其他条件应该是鼠妇适宜的环境条件。 强调变量的概念：为了确保实验现象的差异只是由一种因素引起的，这个因素就是实验中的变量。 探究性实验中，在研究一种条件对研究对象的影响时，所进行的除了这种条件不同以外，其他条件都相同的实验，叫做对照实验。 组织学生实验： ⑤实施计划：仔细观察，认真记录，各小组在表格内填写实验数据。 ⑥得出结论：分析实验数据，得出结论。 （实验结论通常是对实验假设作出肯定或否定的回答） ⑦表达和交流： 计算出全班各组第 10 次数据的平均值。 提问：为什么统计的是各组第 10 次实验数据？	体会在通过实验进行探究的过程中，控制变量和设计对照是十分重要的。 计算、思考得出实验结论。 回答：鼠妇已经熟悉了实验环境，会选择相对适于自己生存的环境中去。	让学生体验只要观察，善于提问，设计合理的实验方案，每个人都有成为科学家的潜质，提高学生的兴趣。

教学阶段	教师行为	学生行为	设计意图
3. 进一步探究 练习设计对照试验 4. 小结	为什么要取全班各组的平均值？ 讲述：实验中各小组用10只鼠妇为实验材料，而不是1、2只，目的也是为了避免偶然性，减少实验误差。 实验结束后，教师回收各小组的鼠妇，指派专人课后将鼠妇放回校园内较阴暗潮湿的草丛或树林里。 3、进一步探究 提问：环境中的其他因素（如土壤的潮湿程度、温度等）对鼠妇的生活有影响吗？ 以小组为单位设计探究实验方案——××对鼠妇生活的影响；以书面的形式上交。 教师要对各组的实验设计进行点评，提出指导性意见。 讲述：影响生物生活的非生物因素除了光以外，还有温度、水，等等。所有生物的生活都会受到非生物因素的影响。当环境中一个或几个因素发生急剧变化时，就会影响生物的生活，甚至导致生物死亡。 讲解：干旱导致农作物减产，水中缺氧导致鱼儿浮头等。	回答：取全班各组的平均值可减少实验误差。 以小组为单位设计实验。	体现出对实验动物关爱。 检验学习效果。

第一主题　科学探究

17

新课程生物怎么教

教学阶段	教师行为	学生行为	设计意图
三、生物因素对生物的影响	讲述：三、生物因素对生物的影响 生物因素是指影响某种生物生活的其他生物。自然界中的每一种生物，都受到周围很多其他生物的影响。 讲解：生物之间的关系主要有：		
1. 捕食关系	捕食关系 天敌和被捕食（或摄取）的生物都会影响生物的生存。例如：七星瓢虫捕食蚜虫（出示图片）。		
2. 竞争关系	请学生举例。		
3. 合作关系	讲解：2. 竞争关系（不同种生物之间） 举例：水稻和杂草。 请学生举例。	学生举例	
课堂小结	讲解：3. 合作关系（主要是同种生物之间的分工合作） 蚂蚁、蜜蜂等群体性生活的昆虫。	学生举例	
练习反馈	提问：本节课我们学习到哪些知识？ 讲述：（综合学生发言）通过今天的学习，我们了解了非生物因素和生物因素对生物的影响，了解了探究实验的一般过程，掌握了对照实验的设计原则。 课本 P18"练习"1、2、3、4、5	学生思考本节课学习到的内容，发言。	巩固所学。

七、板书设计

第二节　环境对生物的影响

一、影响生物生活的环境因素

非生物因素；如光、温度、水、空气等。

生物因素：天敌、竞争对手等。

二、非生物因素对生物的影响

1. 探究实验的一般过程

2. 探究实验——光对鼠妇生活的影响

①发现问题：翻开遮挡物，鼠妇会很快跑开。

②提出问题：光会影响鼠妇的生活吗？

③作出假设：鼠妇习惯在阴暗的环境中。

④制定计划：实验组：阴暗环境

　　　　　　　对照组：明亮环境

⑤实施计划：仔细观察，认真记录。

⑥得出结论：光会影响鼠妇的生活

⑦表达和交流：计算全班各组第 10 次数据的平均值

三、生物因素对生物的影响

1. 捕食关系：七星瓢虫捕食蚜虫

2. 竞争关系：水稻和杂草

3. 合作关系：蚂蚁、蜜蜂

八、课后反思

陆游有诗云："古人学问无遗力，少壮工夫老始成。纸上得来终觉浅，绝知此事要躬行。"只有让学生亲自体验，才能将书本上的知识转化成自己的。学生在活动中表现出来的热情、兴趣让人感动：很多学生对观察昆虫会表现出很高的兴趣，观察很仔细。

课后对小动物的处理，又体现了学生对小动物的关爱之情。同时，通过实验，对科学探究的过程有了一定的了解，对科学探究的两个关键：设置对照和控制变量有了初步的认识。

第一主题 科学探究

第二主题　生物体的结构层次

　　生物体的基本组成是初中生物学的基础，了解生物体结构和功能也是从细胞开始的。从细胞到组织、从组织到器官、从器官到植物体或系统，再到动物体，学生通过显微镜的使用，了解微观的生物体，通过生物分类了解生物界不同发展层次的个体。从单个的生物个体组成种群，由种群形成生物群落，再与无机环境构成生态系统。系统地分析初中生物学，层次贯穿于这四本教材，也是贯穿于生物学科的研究过程。不同的生物层次有不同的结构，相应的功能也不同，结构和功能也是贯穿于生物学科中的主要脉络。这个主题包括：细胞是生物活动的基本单位，细胞分裂分化形成组织，多细胞生物体的结构层次三个二级主题。

课例2 练习使用显微镜

（人教版《生物学》七年级上册 第二单元 第一章 第一节）

在《初中生物新课程标准》中，在能力方面有这样的要求"显微镜等生物学实验中常用的工具和仪器，具备一定的实验操作能力"。显微镜是认识微观世界的基本工具，也是初中生物中学生必须学会使用的实验器材之一。但对于七年级的学生来说，既对显微镜充满了好奇之心，又缺乏一定的自控能力，在练习使用显微镜时，学生总是有无数的想法，也会有无数的小动作来来验证自己的想法，因此，在本节课，课堂的组织教学就显得尤为重要；而且在操作显微镜的时候，告知学生一些简单易行的小窍门，也会让学生在掌握显微镜的使用方法变得快捷。这部分内容将为整个初中、乃至高中生物学习奠定实验操作的基础，教师在教学中一定要予以重视。

在教材中，要求对显微镜的构造和作用进行了解，因此在结构方面只需要介绍各部分的名称和作用即可，不必过多介绍，以免占用太多的课堂时间。教师应将重点放在显微镜的使用和操作上，力求学生能正确使用显微镜，能观察到清晰的图像，因此，教师的示范一定要规范准确，让每一位学生都看清楚。在学生自行练习时，教师应巡视，及时纠正学生的不规范操作。

一、学情分析

知识技能：通过第一单元的学习，学生从生物圈（宏观）角度认识了生物；第二单元要从细胞（微观）角度来认识生物，显微镜是人类认识微观世界的工具。

情感兴趣：学生对使用显微镜观察细胞很感兴趣，但要留心一些胆大的男生"莽撞地"下手，同时要指导一些不敢动手的娇小的女生让其敢于

第二主题 生物体的结构层次

下手。

二、教学内容分析

光学显微镜是生物学实验中常用的工具和仪器，在初中阶段，学生通过显微镜观察和认识生物的微观世界。《生物课程标准》明确提出，要求学生能"说明显微镜的基本构造和作用；使用显微镜和模仿制作临时装片"。通过本节内容的教学使学生初步学会使用显微镜观察的方法，掌握一定的实验技能，激发探究的兴趣。

本节课从认识显微镜的构造和各结构的功能开始，接着学习显微镜的使用步骤，掌握显微镜的使用方法。本节课重点在培养学生实验操作技能。在教学过程中教师要仔细关注各小组同学的学习情况，对学生进行及时的个别指导，还可以设计一些小环节活跃课堂气氛，激发学生学习热情。

三、教学目标

知识与技能：1. 说出显微镜的结构和作用。

2. 使用显微镜观察到清晰的图像。

过程与方法：显微镜使用的程序正确。

情感态度价值观：认同显微镜的规范操作，爱护显微镜。

四、教学重点和难点

教学重点：显微镜的结构和使用步骤。

教学难点：光线的调节、粗（细）准焦螺旋的使用。

五、教学方法和教具准备

教学方法：讲授法、实验法、合作学习。

教具准备：解剖盘、显微镜、擦镜纸、纱布、写有"上"字的玻片和蚕豆叶下表皮的装片等。

六、教学过程

教学阶段	教师行为	学生行为	设计意图
导入	讲述：上一单元的学习我们是从生物圈的角度认识生物，是从宏观的角度在观察和认识生命；下面我们换个角度，从微观角度观察和认识生命，我们先认识组成生物体结构和功能的基本单位——细胞。 细胞是生物体结构和功能的基本单位。大家知道由于绝大多数细胞非常小，肉眼不能直接看到，需要借助显微镜来观察。本节课的我们任务——初步学会使用光学显微镜。	产生兴趣	人类观察、认识世界的不同角度。 学习显微镜使用的目的和意义。
新课 一、显微镜的构造	讲解：一、显微镜的构造 用实物与挂图（或多媒体课件）相结合的形式带领学生逐一认识显微镜的结构（根据显微镜使用的要求，有些结构知道名称即可，有些要讲解使用要领）。 目镜：让学生寻找镜头的标识，"10×"其中的数字是表示这个镜头的放大倍数。 物镜：靠近载物台的镜头，注意辨认物镜镜头的放大倍数。 初学显微镜的使用，目镜和物镜要选择放大倍数低的。 粗准焦螺旋：较大幅度使镜筒上升或下降。使用时注意旋转速度不要太快，幅度变化不要太大。 细准焦螺旋：在使用粗准焦螺旋初步观察到物像的基础上，再使用细准焦螺旋调节，使物像更清晰。使用时要旋转的慢一些。	了解显微镜的结构。 了解目镜和物镜的区别和特点。 了解粗准焦螺旋和细准焦螺旋使用和区别。	认识显微镜的结构名称，了解其使用方法和功能。 将目镜和物镜放在一起讲解，形成对比。 粗准焦螺旋和细准焦螺旋放在一起讲解，形成对比。

新课程生物怎么教

教学阶段	教师行为	学生行为	设计意图
	载物台：放置载玻片（标本）。 压片夹：固定载玻片。 通光孔：载物台中间的孔。 遮光器：载物台下面，调节通过的光线量。 反光镜：一面是平面镜，一面是凹面镜。外界光线较强时使用平面镜，外界光线较弱时使用凹面镜。 显微镜成像原理：外界光线→反光镜→通光孔→观察材料→物镜→镜筒→目镜→观察者眼睛。 注：导入和显微镜构造的教学应当控制在 10 分钟以内完成。	练习使用压片夹将永久装片固定在载物台正中央。 了解平面镜和凹面镜使用的区别。 了解显微镜成像过程。	将平面镜和凹面镜放在一起讲解，形成对比。
二、显微镜使用方法 1. 取镜和安放 2. 对光	讲解与示范：二、显微镜使用方法步骤 1. 取镜和安放（见教材 37 页） 在教师的讲解与示范下，多数学生能够正确地完成操作；但总会有少数学生将镜臂朝向前方，教师要及时予以纠正（提醒学生注意显微镜与显微镜使用者之间的相对位置）。 可能会有少数同学将镜臂倾斜成一定角度，导致载物台成斜面。 讲解：如果载物台面倾斜，在观察临时装片时，临时装片内的清水和染色剂等液体，会流到载物台上造成腐蚀，同时观察的标本可能随液体移动影响观察。 2. 对光 这一步是观察到物像的基础，这一步做不好不仅影响后面的操作，还会直接影响观察效果。	将显微镜按要求放置在试验台上。	显微镜操作技能训练。

教学阶段	教师行为	学生行为	设计意图
	转换器的使用：转动转换器使物镜对准通光孔（初学显微镜使用低倍镜 10 ×，如有学生出错，教师要注意予以纠正）；提醒学生显微镜光线的通路。	练习物镜对准通光孔和反光镜的使用。	
	反光镜的使用：提示学生根据光线的强弱，选用平面镜或凹面镜。将光线反射到通光孔。		
	看视野：要求学生练习左眼通过目镜看视野，右眼看目镜外（很多学生初次使用显微镜会很不习惯）。视野内像墙壁一样白亮。		
	组织学生以竞赛的形式练习"对光"，哪一小组调节好白亮的视野举手示意，教师对每一个小组进行检查验收，及时作出评价。	练习一边调节反光镜，一边从目镜内观察视野。	
3. 观察	3. 观察		
	用黑板画的形式画出载物台、通光孔，载玻片和载玻片的"上"字的相对位置。		通过小竞赛激励学生。
	固定载玻片：		
	粗准焦螺旋的使用：眼睛从侧面注视物镜镜头和载物台上的载玻片，使用粗准焦螺旋将显微镜镜筒缓缓下降至物镜与载玻片之间的距离为 1 厘米左右。	练习玻片标本的固定。	
	左眼通过目镜观察，右眼看显微镜目镜视野外；双手向身体内侧方向慢慢转动粗准焦螺旋使镜筒徐徐上升至在视野中观察到物像。	练习粗准焦螺旋和细准焦螺旋的使用。	观察成功的同学能享受到喜悦。
	如果前面的操作都正确的话，会比较容易观察到物像。如果没有观察到物像，		

第二主题　生物体的结构层次

新课程生物怎么教

教学阶段	教师行为	学生行为	设计意图
	重新进行这一步操作。还有问题的话，教师到该小组与同学们一起寻找问题，完成操作。 细准焦螺旋的使用：在使用粗准焦螺旋观察到物像的基础上，旋转细准焦螺旋至物像清晰。 学生观察到物像后举手示意，教师检查验收，评价。 要求小组成员之间互相帮助，达到每一位成员都能调节出清晰的物像。 进一步要求：每一位同学独立完成显微镜的操作，调节出清晰的物像。 显微镜下观察的物象是物体的倒像： 在看清物象的基础上请同学们慢慢移动载玻片标本；注意物体实际移动方向与视野中看到的物像移动方向的差异。 提问：通过显微镜你看到的是放大的"上"字吗？ 在你移动玻片时，你在视野内看到的物体移动方向与你用手移动玻片的方向一致吗？ 通过显微镜看到的是物体的正像还是倒像？ 设问：你现在观察的物象是物体被放大了多少倍的结果？ 讲述：显微镜的放大倍数＝目镜放大倍数×物镜放大倍数。		第一个层次小组观察到清晰的物像，第二个层次在小组成员的互助下，每一个同学观察到清晰的物象，第三个层次每一位同学独立完成显微镜操作实验。前两个层次体现出合作学习，第三个层次体现出独立学习。
三、显微镜的	小组合作学习。 独立练习。 练习移动玻片标本。		
	三、显微镜的整理与收放 用纱布将显微镜外表擦拭干净，用镜头		

教学阶段	教师行为	学生行为	设计意图
整理与收放	纸将镜头擦拭干净。 转动转换器将物镜偏向侧面，使用粗准焦螺旋将镜筒降到最低。 显微镜放回镜箱内，将镜箱摆到桌面偏右侧，前后摆成一条直线。其他用具放到实验盘内，放置整齐。	按要求进行整理显微镜。	养成良好的实验习惯。 培养学生爱护实验仪器设备习惯。
课堂小结	注：以上内容控制在30分钟内完成。 组织同学总结交流（以成功经验交流会的形式进行）。 这节课我们认识了显微镜的构造，借助显微镜我们观察到了细胞，每个小组总结一下：我们有哪些成功的经验？ 注：课堂小结控制在5分钟内完成。	学生交流自己的收获，总结成功的经验。	学会表达交流。享受成功带来的快乐。

七、板书设计

第二单元　生物和细胞　　第一章　观察细胞的结构

第一节　练习使用显微镜

一、显微镜的构造

目镜：10×

物镜：10×

粗准焦螺旋

细准焦螺旋

载物台

反光镜

二、使用显微镜操作步骤

1. 取镜和安放

2. 对光：观察到白亮的视野。

第二主题　生物体的结构层次

3. 观察:

玻片标本的放置:观察目标放置到通光孔正中央。

粗准焦螺旋的使用、细准焦螺旋的使用

观察时一只眼睛注视目镜内,另一只眼睛睁开。

使用显微镜观察到的物像是倒像。

显微镜放大倍数 = 目镜放大倍数 × 物镜放大倍数。

4. 整理

八、课后反思

显微镜的使用是初中生物实验教学的一个重点,是学生了解微观世界的一个重要途径。在显微镜使用教学中,一定要注意的关键问题就是规范。从取镜到安放、从对光到观察、从整理到完成实验,始终要将规范二字放在第一位,促进学生正确使用显微镜,养成规范实验操作的良好习惯,为初高中的生物实验奠定良好的基础。

课例3　单细胞生物

（北京版《生物》七年级上册　第三章　第二节）

本节课教学过程中，采用"讲授与实验同步"的教学方式，将传统的板图、板书与信息技术整合，引导学生利用已知的"细胞的基本结构"、"生物的特征"等知识，并运用习得的临时装片制作及显微镜操作等技能，通过探究、合作、主动地学习活动获得"单细胞生物可以独立完成生命活动"的认知。

一、学情分析

知识技能：通过前面的实验观察和学习，学生已经知道生物体是由细胞组成的，并能够制作临时装片，应用光学显微镜观察微观物体。

情感兴趣：单细胞生物个体微小，学生平时很难见到，但是由单细胞生物引起的疾病和环境问题，很多学生是有所了解的，观察研究单细胞生物是学生很感兴趣的事。

二、教学内容分析

生物学是一门以实验为基础的自然科学，实验课是培养学生能力，提高学生科学素养，激发学生学习兴趣的重要阵地。生物学初中实验倡导在指导学生了解有关的基础知识后，开展探究、实验、观察、讨论等一系列活动，激发、鼓舞学生主动学习，提高教学效果。北京版初中《生物》七年级（上册）第三章、第二节、第一部分"单细胞生物"简单描述了自然界中单细胞生物。本节课安排学生利用显微镜观察一滴池水中单细胞生物以及观察草履虫，引导学生对单细胞生物对刺激的反应进行一系列的探究活动，不仅可达到本节课的教学目标，还能提高学生的逻辑思维能力，增强学生进行科学探究的愿望。

第二主题　生物体的结构层次

三、教学目标

知识目标：1. 举例说出几种单细胞生物。

2. 以草履虫为例，说明单细胞生物可以独立完成生命活动。

技能目标：进一步练习使用显微镜，观察单细胞生物，练习临时装片的制作。

情感态度价值观：1. 通过学习认同细胞是生命体结构和功能的基本单位的观点。

2. 通过实验观察单细胞生物的过程，进一步体验仔细、客观的科学态度。

四、教学重点和难点

教学重点：说明单细胞生物可以独立完成生命活动。

教学难点：通过学习再次认同细胞构成生物体的观点。

五、教学方法和教具准备

教学方法：实验法。

教具准备：多媒体课件（包括：单细胞生物结构图；草履虫生活状态视频等）。分组实验材料：池塘里发绿的水、草履虫培养液（分装入小试管内）、显微镜、载玻片、盖玻片、吸管、吸水纸、脱脂棉、清水、0.3% ~ 0.5% 盐水等。

六、教学过程

教学阶段	教师行为	学生行为	设计意图
导入	提问：通过前面的观察学习，我们知道，构成生物体结构和功能的基本单位是什么？ 讲述：细胞是构成生物体基本结构和功能的基本单位。	思考回答问题	设置疑问，引发学生思考，引入课题

教学阶段	教师行为	学生行为	设计意图
导入	问题：有没有生物只由一个细胞构成？如果有这些生物又是如何在一个细胞中完成各项生命活动的？他们与人类又有怎样的关系？ 讲述：通过实验观察，解决上述问题。	思考质疑（根据生活经验，尝试回答）	
新课 观察草履虫	展示：草履虫培养液。 提问：请大家仔细观察小试管中的培养液，你看到了些什么？ 讲述：聚在培养液上层不断移动的小白点，就是我们首先要观察的对象——草履虫。 出示：草履虫结构图。 提问：我们要观察草履虫的形态结构，需借助什么工具？采用什么方法？ 示范：制作草履虫的临时装片。 组织同学制作并通过显微镜观察草履虫临时装片。 提示：1. 注意显微镜的规范操作。 2. 想一想，棉纤维在草履虫临时装片内有什么作用？ 3. 注意：观察草履虫的形态、结构和运动方式。巡回指导学生实验。 小结学生实验情况 提问：1. 如果你看到了草履虫，一只草履虫是由多少个细胞组成的？ 2. 你观察到了草履虫的哪些结构？ 3. 描述一下你看到的草履虫运动？ 指导操作：在盖玻片的一侧滴一滴盐水，在其对侧用吸水纸吸水； 提问：滴加盐水后草履虫的运动与前面	观察草履虫培养液，看到有许多不断移动的小白点。 明确观察对象。 观察 回答：显微镜、制作临时装片。 观察、回忆临时装片的制作。 实验，观察草履虫形态结构和运动；体会棉花纤维作用。 注：用时7分钟。 根据观察情况，小组讨论，汇总，得出结论：草履虫是只有一个细胞构成的生物。	以草履虫为例，认识单细胞生物。

第二主题　生物体的结构层次

31

教学阶段	教师行为	学生行为	设计意图
草履虫的应激性实验	的观察比较有没有变化？怎样的变化？这说明草履虫对盐的刺激做出了怎样的反应？ 组织讨论，激励同学共同合作归纳草履虫的形态、结构和应激性反应等知识。 讲述：通过实验，我们观察到草履虫只有一个细胞构成，能够游动，对外界环境趋利避害。 设问：草履虫的身体只有一个细胞构成，它是怎样进行呼吸、摄食、消化和生殖等各项生命活动的呢？	草履虫对外界环境能够趋利避害，具有应激性。	进一步加深对单细胞生物的认识。
观察一滴池水中的单细胞生物	出示：草履虫结构模式图。 讲述：草履虫结构，引导学生分析单细胞生物各个结构如何完成生命活动。 播放：草履虫繁殖的视频。 讲述：像草履虫这样，只由一个细胞构成，生命活动都在这一个细胞内完成的生物称为单细胞生物。是一个完整的个体，能独立完成所有的生命活动。	思考质疑。 呼吸——表膜。 食物摄入——口沟形成食物泡。 排出食物残渣——胞肛。 排出废物——收集管、伸缩泡。 分裂生殖。	
单细胞生物与人类的关系	提问：你还知道哪些单细胞生物？ 指导实验：观察一滴池水中的生物（实验前教师应对观察材料中的单细胞生物进行鉴定）。 出示：单细胞生物图片。 讲解：酵母菌——酿酒、发面。 草履虫——鱼的饵料。 衣藻——光合作用。 疟原虫——疟疾。 讲述：简单介绍单细胞生物分类。	根据已有知识回答问题。 实验观察、记录、交流。	

教学阶段	教师行为	学生行为	设计意图
反馈练习	练习：如图 下列生物由 _____ 个细胞构成，其生命活动如 _____、_____，都在 _____ 内完成。		巩固练习，小结知识，布置任务拓展延伸。
课堂小结 布置课后活动	讲述：通过今天的实验观察，认识了单细胞生物，是一个完整的个体，能独立完成所有的生命活动。 课后请同学们以小组为单位，收集单细胞生物与人类关系的相关资料，制作成相应内容的简报；下一节生物课在班内展示交流。	单细胞 呼吸 营养 一个细胞 回忆所学知识 课后收集资料，制作简报。	收集与处理信息能力的训练。

七、板书设计

第二节　生物体

一、单细胞生物：

1. 定义：只由一个细胞构成，生命活动都在这一个细胞内完成的生物。

2. 实例：

单细胞动物：草履虫、变形虫、眼虫；

单细胞藻类：衣藻。

3. 与人类关系：

副板书：

实验：观察单细胞生物

实验目的：观察单细胞生物；熟练临时装片的制作。

实验用具：显微镜、载玻片、盖玻片、盐水、脱脂棉、吸水纸、吸

第二主题　生物体的结构层次

管、镊子、

池塘里发绿的水、草履虫培养液等。

实验步骤：

1. 制作临时装片；

2. 低倍镜下观察；

3. 滴加盐水再次低倍镜下观察；

4. 记录完成实验报告。

八、学生学习效果评价

1. 学生能否制作临时装片、熟练使用显微镜，观察到实验对象。

2. 学生能否描述草履虫运动和应激反应。

3. 学生能否在实验过程中分工合作、遵守实验室纪律、爱护实验器材。

4. 学生能否分析草履虫结构和功能如何相适应完成生命活动。

5. 学生能否按要求收集资料制作简报。

九、课后反思

本节课的教学过程中，基于学生已有的"细胞的基本结构"和"生物体生命活动的特征"等知识，首先引导学生根据草履虫的生活先推测草履虫可能具有什么样的结构，在学生间进行了讨论交流后，引导学生采用实验观察的方法检验证自己的推测，落实生物课程标准倡导的"探究式学习"。当学生尝试利用显微镜观察草履虫结构和运动时，教师选择并利用多媒体提供草履虫的显微图片和动画，帮助每一个学生认识并观察到草履虫，落实"面向全体学生"的课程理念。最后通过梳理草履虫的结构和功能，获得"只有一个细胞的生物体——草履虫"的相关知识，实现学生主动、有意义的学习。作为认识单细胞生物的拓展延伸实验"观察一滴水中的单细胞生物"，教师应事先实验观察，检查、鉴定水样中单细胞种类，以便在学生实验过程中有效指导观察。

第三主题　生物与环境

　　生物的生存离不开环境，它们共同组成了生态系统。地球是最大的生态系统。地球上的生物体是多样的。教师在教学中对生物与生物之间、生物与环境之间相互依存、相互影响的关系，帮助学生了解生态系统的结构和功能的相关知识，引导学生理解每种生物在地球上生存的价值和意义，在不同生态系统中的地位和合理性。通过各种活动，加强学生热爱大自然、保护环境的意识。这个主题包括：生物的生存依赖一定的环境，生物与环境组成生态系统和生物圈是人类与其他生物的共同家园等三个二级主题。

课例4　生物圈

（人教版《生物学》第一单元　第二章　第一节）

在新《生物课程标准》的设计思路里提到："综合考虑学生发展的需要、社会需求和生物科学发展三个方面，《标准》选取了10个主题：科学探究，生物体的结构层次，生物与环境，生物圈中的绿色植物，生物圈中的人，动物的运动和行为，生物的生殖、发育与遗传，生物的多样性，生物技术，健康地生活。内容标准突出了人与生物圈。植物和人是生物圈中两类作用最大的生物。动物和细菌、真菌等生物在生物圈中也具有重要作用。"

引入生物圈的概念并将其贯穿于整个初中生物教学过程，是新"人教版"教材与原先各版本教材的最大区别，因此，生物圈这部分知识就起到了引领初中生物教学，为后面学习的各部分内容进行知识的铺垫的重要作用。

因此，在本节课的教学中，不要只注意单个的知识点，应该站在生物圈的高度，把生物与环境相互作用形成的生态系统，以及最大的生态系统——生物圈，都作为一个整体来考虑。

一、学情分析

知识技能：通过前一章的课堂教学学生了解了生物的一般特征；通过调查我们身边的生物活动，体会到各种生物都是生存在一定的环境中。

情感兴趣：通过前一节课"调查我们身边的生物"，学生发现了许多身边的，视而不见的生命现象和生物物种，这无疑刺激了学生的好奇心和学习生物的热情。

二、教学内容分析

本节课的教学内容属于《生物课程标准》第三主题生物与环境，第三部分生物圈是人类与其他生物的共同家园的内容，《课标》的具体内容标准："阐明生物圈是最大的生态系统"。

人教版《生物学》将其安排第一单元的第二章，学生了解了生物的基本特征，调查了身边的生物后。

引入生物圈的概念并将其贯穿于整个初中生物教学过程，是新"人教版"教材特色。因此，在人教版教材中生物圈这部分知识起着引领初中生物教学，为后面学习的各部分内容进行知识铺垫的重要作用。

因此，在本节课的教学中，不要只注意单个的知识点，应该站在生物圈的高度，把生物与环境相互作用形成的生态系统，以及最大的生态系统——生物圈，作为一个整体来考虑。通过介绍生物圈的范围和各层中的生物类群，进一步阐明生物必须生存在一定的条件下，然后说明生物圈为生物的生存提供了必需的条件。

三、教学目标

知识与技能：1. 描述生物圈的概念和范围。

2. 说出生物圈为生物生存提供的基本条件。

3. 从生物生存的基本条件中理解"节能、减排"的道理。

4. 了解收集和分析资料的一般方法。

过程与方法：1. 教师创设情境，学生认识地球表面是适合生物生存的生物圈。

2. 通过分析教材中的图片和文字资料，知道生物圈为生物的生存提供了基本条件。

情感态度价值观：1. 使学生认识到生物圈是人类生存的唯一家园，应该积极主动地认识并保护这个家，从而理解"节能、减排"。

2. 在收集和分析资料的过程中，培养学生相互合作的精神，学会尊重和理解他人发表的见解。

四、教学重点和难点

教学重点：1. 生物圈为生物的生存提供基本条件。

第三主题 生物与环境

2. 生物圈是所有生物的共同家园。

教学难点：1. 对收集到的相关资料的分析整理。

2. 理解"节能、减排"的道理。

五、教学方法和教具准备

教学方法：谈话法。

教具准备：教师制作太阳系各大行星的外貌的多媒体课件；收集各大行星的资料并展示；收集生物圈的有关资料。学生课前收集有关太阳系中各大行星的资料，准备地球仪，收集有关生物圈的资料。

六、教学过程

教学阶段	教师行为	学生行为	设计意图
导入	提出问题：宇航员进入太空生活，需要携带哪些生活必需品？ 我们的生存还需要哪些环境条件？ 讲述：我们幸运地生活在地球上，地球为我们提供了生存所必需的一切条件。 设问：人类能够生存在地球的任何地方吗？	分组讨论，达成共识：氧气、饮用水、食物等。一定的引力、一定的气压、一定的温度范围、一定的光照等等。	从生活经验引入学习的课题。
新课 一、生物圈的概念	出示："地球的主要结构"图片。 提问：地壳内部和大气层的上部及臭氧层中有生物吗？ 讲解：目前已知，地球是人类唯一可以生存的星球；在地球上，并不是所有地域都适合人类和其他生物的生存，如：地壳下部和大气层的上部是不可能有生物生存的。地球上适合生物生存的地方只有它的表面这一薄层，我们就把它叫做生物圈。	思考回答问题。 在地球仪上理解生物圈的概念。	通过分析地球的结构，理解生物圈是适合生物生存的部分。

教学阶段	教师行为	学生行为	设计意图
二、生物圈的范围	播放:"地球的主要结构"多媒体资料。 提问:地球上的哪些地方适合生物的生存呢? 归纳总结: 出示:"生物圈的范围"图片。 讲述:如果以海平面来划分,生物圈向上可到达10千米的高度,向下可深入到10千米的深处,总厚度为20千米左右。 引导学生自学教材,得出"生物圈的范围"的结论。 提问:生物圈的几何形状是什么样的? 总结讲述:如果把地球中的生物圈比作一个篮球,那么生物圈(球壁)就比一张纸还要薄呢!	观看资料,分组讨论问题,达成共识。小组代表发言:地球的表面、水域的大部分和大气层的底部。 观看图片和听讲,理解生物圈的三个圈层。 自学教材得出答案:生物圈包括大气圈的底部、水圈的大部和岩石圈的表面。 自由发言:空心的球体。	通过进一步分析地球结构,明确生物圈的范围。
三、生物圈中的生物分布	继续播放:"生物圈的范围"多媒体资料中"各个圈层的生物类群"部分。 提问:各圈层中的生物各有哪些主要类群? 提问:生物圈中的生物分布有哪些特点呢? 讲述:生物圈的三个圈,各种生物分布的范围是不同的,环境中的水、空气等把它们联系在了一起。 强调指出:岩石圈是陆生生物的"立足点",水圈中的生物大多生活在水面以下150米以内的水层中。	观看资料和阅读课文。 分组讨论各个圈层的生物主要类群,小组代表发言。 学生A:描述大气圈。 学生B:描述水圈。 学生C:描述岩石圈表面。	根据生活经验和查看资料,知道生物圈的各圈层中有哪些主要生物类群。

第三主题 生物与环境

新课程生物怎么教

教学阶段	教师行为	学生行为	设计意图
四、生物圈为生物的生存提供了基本条件	展示：教材图片资料。 提问：①向日葵和长颈鹿的生活各需要什么条件？ ②仙人掌和向日葵，牛和海豚的生存条件有什么相同点和不同点？ ③为什么干旱会使粮食减产？ 讲述：水是作物生长的重要条件，干旱缺水会严重影响作物的生长，从而使粮食减产。 回答学生质疑的问题。 总结讲述：地球上的生物所需要的生存条件是一样的，即营养物质、阳光、空气、水、适宜的温度和一定的生存空间。这些条件都是生物圈为生物生存提供的基本条件。	观察图片。分组讨论问题，各组代表发言。 A组：向日葵的生活需要阳光、水、营养物质（无机盐）、空气（氧气和二氧化碳）、适宜的温度和一定的生存空间。长颈鹿…… B组：仙人掌生活在干旱缺水的荒漠中，向日葵生活在相对湿润的环境中，但它们都需要阳光、水、营养物质、空气、适宜温度和一定的空间。 C组：牛和海豚…… 某些学生质疑：鱼、蚯蚓的生存条件？	通过分析资料，了解生物圈为生物的生存提供了哪些基本的生存条件。
五、保护生物圈，需要"节能、减排"	提问：为什么其他星球没有生命呢？ 讲述：因为不同的星球上，阳光的强度有差别，是否有水，温度高低不同，空气成分及其比例的差异，都是决定生命能否存在的因素。 这里我们分析一下二氧化碳的含量变化	分组讨论，达成共识：物质和空间不缺，但阳光、空气、水和温度等条件不一定适宜。	通过分析生物的生存条件，理解"节能、减排"，建

教学阶段	教师行为	学生行为	设计意图
	对生物及其环境的影响。大气中二氧化碳的含量是 0.004%，如果人类的活动使含碳的有机物的氧化分解过多，会使其浓度升高，产生温室效应，即地球吸收的太阳光的能量不易散发出去，导致地球环境温度升高和剧烈的气候变化，这势必影响各种生物的生存环境。因此，人类生活中应该减少有机物的燃烧，大力提倡"节能、减排"。		立保护生物圈的概念。
六、收集和整理资料	提问：本节课中，老师和同学们都运用了大量的资料，这些资料是通过什么途径收集来的？资料的形式有哪些呢？	自由发言：途径有图书馆查阅、上网搜索、拜访有关人士等。形式有文字、图片、数据及音响资料等。	阅读课文和经验，知道怎样收集和整理资料。
结束小结	完成下列问题： ①什么是生物圈？简述它的范围。 ②水生生物大多生活在哪个范围？ ③生物圈为生物的生存提供了哪些基本条件？ ④我们为什么需要"节能、减排"？	查阅教材自己回答并进一步理解问题。	巩固理解知识和培养学习能力。

七、板书设计

一、生物圈的概念：地球上适合生物生存的地方。

二、生物圈的范围：大气圈的底部、水圈的大部、岩石圈的表面。

三、生物圈中的生物分布。

四、生物圈为生物的生存提供了基本条件：阳光、空气、水分、营养物质、适宜的温度和生存空间。

第三主题　生物与环境

五、保护生物圈和生物的生存环境，需要人类"节能、减排"。

六、收集和整理资料的方法和途径。

八、课后反思

本节课是培养学生运用资料能力的典型范例；理解生物圈的概念需要发挥地球主要结构的空间想象；从保护生物和人类的生存环境的教学可以延伸到"节能、减排"的道理。

课例 5　水中生活的动物

（人教版《生物学》八年级上册　第五单元　第一章　第一节）

　　在人教版本教材中，八年级上册的《生物学》第五单元"生物圈的其他生物"这部分内容的安排中，是将动物按照其生活环境进行划分，分类为水中生活的动物、陆地生活的动物和空中飞行的动物，而不是传统教科书中惯常的以动物的身体结构特征作为分类依据。因此，在教学中特别要注意的就是这些动物与其生活环境相适应的结构特点。新《生物课程标准》中指出："任何环境中都有多种多样的生物。每种生物都离不开它们的生活环境，同时，又能适应、影响和改变环境。生物与环境保持着十分密切的关系，并形成多种多样的生态系统。生物圈是最大的生态系统。"

　　本章教材内容突出动物与环境的关系；因此，本节"水中生活的动物"的教学重点是探究鱼类与水中生活相适应的特点，并以此为出发点探究鱼类的主要特征。

　　在教学活动中，教师要引导学生通过两个"观察与思考"、一个"探究"实验、一个课外实践等活动，认识鱼类在水中的运动、呼吸从而总结出鱼类适于水中生活的主要特征："用鳃呼吸，用鳍游泳"。

一、学情分析

　　知识技能：学生通过第四单元生物圈中人的学习，已经了解了人体结构和生理的内容，已基本具备了生物体结构与功能的统一的生物学观点。

　　情感兴趣：学生对动手试验总是充满着热情。对于缤纷的海洋动物世界充满着好奇。

二、教学内容分析

　　本节的教学内容貌似在《生物课程标准》中找不到相对应的内容和要

第三主题　生物与环境

求，实际上本部分是在落实《课标》第三主题生物与环境的第一部分生物的生存依赖一定的环境，第二部分生物与环境组成生态系统，第八主题生物的多样性第一部分生物的多样性中相应的内容。

本章教材内容突出动物与环境的关系，因此，本节"水中生活的动物"的教学重点是探究鱼类与水中生活相适应的特点，并以此为出发探究鱼类的主要特征。

在教学活动中，教师要引导学生通过两个"观察与思考"、一个"探究"实验、一个课外实践等活动，认识鱼类在水中的运动、呼吸从而总结出鱼类适于水中生活的主要特征。

三、教学目标

知识与技能：以鱼为例说明水生动物适于水中生活的特点。

过程与方法：探究鱼的呼吸和运动方式，尝试概括说出鱼类的主要特征。

情感态度价值观：认同科学试验是正确认识的来源。

四、教学重点和难点

教学重点：1. 探究鱼鳍在游泳中的作用。

2. 概述鱼类的主要特征。

教学难点：探究"鱼鳍在游泳中的作用"的试验及该试验的组织教学。

五、教学方法和教具准备

教学方法：谈话法、试验法。

教具准备：

教师准备：鱼的外部形态教学挂图、各种鱼外部形态的影像资料以及水生动物影像资料（多媒体课件）、投影片等；演示用透明鱼缸及适量的鲫鱼、剪刀等。

学生准备：瓶装家养观赏鱼或瓶装市售小活鲫鱼；小气球、饮料吸管、皮圈（或细绳）和小木板等。

六、教学过程

教学阶段	教师行为	学生行为	设计意图
引入新课	讲述：同学们，在七年级我们已经学习了有关病毒与人类关系的知识。知道了病毒是一类…… 提问：我们还学过哪些生物种类呢？ 教师应对学生的回答给予充分的肯定和鼓励。 板书：第五单元　生物圈中的其他生物 第一章　各种环境中的生物	思考回答问题： 学生看单元说明。	通过复习旧知识引出新问题引入新课。
新课 一、动物的分类及分类依据	讲述：自然界的动物，现在已知的大约有150多万种。 以小组为单位，以动物的种和分类为题组织学生竞赛。 小组成员将自己知道的动物名字列在纸上，用自己认为最合适的方式进行分类；组内交流，以小组为单位拿出经过分类的动物的名录。 教师对各组的工作进行评价。	完成任务。 小组内交流。 班内交流。	使学生知道一些简单的分类知识，分类方法不同，同种生物的类别是不一样的。
	师生互动： 此处教师应适当满足学生的进取心给予一定的激励评价，以促进学生自强、自信心理品质的形成。学生的答案是开放式的。 教师要注意：鱼、青蛙、蛇、牛等动物都和人一样，身体背部有一条脊柱；蚯蚓、蚂蚁、蝴蝶、毛毛虫等身体内没有骨头等这样的表述。教师应引导学生说出：脊椎动物、无脊椎动物。 学生讲飞翔的、游泳的、跑跳的；水里的、地上的和飞的；教师引导学生说出"按动物生存环境和运动方式"分类，水中生		

第三主题　生物与环境

45

新课程生物怎么教

教学阶段	教师行为	学生行为	设计意图
脊椎动物和无脊椎动物 水生动物和陆地动物	活的动物、陆地生活的动物和空中飞翔的动物等。 此时，教师应及时给学生引导激发：生物圈中某一动物到底属于哪一类，关键要看分类的标准，分类的依据不同，动物的种类就不同。 例如：牛、鱼、蝗虫和虾，如果按脊柱的有无，牛和鱼属于脊椎动物，蝗虫和虾属于无脊椎动物；如果依据它们的生活环境：牛和蝗虫是陆生动物，鱼和虾是水生动物 板书：第一节水中生活的动物		
二、水中生活的动物——鱼	播放：各种水生动物的生活习性和生活环境影像；最后将画面集中到鱼类，并给出一种常见的鱼如：鲤鱼或鲫鱼的特写，由此引出以鱼为代表的水中生活的动物。同时提醒学生仔细观察教材中的几种鱼，同学们认识它们吗？ 简单介绍最大的鱼是鲸鲨，"青、草、鲢、鳙"是"四大家鱼"和国家一级保护动物中华鲟等知识。	学生观察、思考、讨论交流。	体会水生生物的多样性。 通过观察讨论、了解鱼的形态、结构与水中生活适应。
	组织学生观察本组带来的鱼的外形、体表覆盖物；运动方式、运动器官；呼吸方式和器官。 教师巡视检查学生教具的准备和观察情况，通过交流发现问题给予指导与评价。鼓励小组内同学间的交流。 展示投影片： 形态、结构 / 适于水中生活特点 身体的外形 体表覆盖物 运动器官及方式 呼吸器官及方式	观察、组内交流。 观察、表述、倾听，达成共识。 完成表格内容：	

展示投影片中的表格：

形态、结构	适于水中生活特点
身体的外形	
体表覆盖物	
运动器官及方式	
呼吸器官及方式	

教学阶段	教师行为	学生行为	设计意图
鱼类的主要特征：	讲解：投影片上是老师设计的表格，如果你认为不够全面可进行重新设计。尽可能包容下你所观察到的现象。		弹性任务学生根据自己的能力完成。
1. 生活在水中	提问：根据观察和你对鱼的了解你认为鱼的哪些形态结构与水中生活相适应？ 纺锤形的体现、体表覆盖的鳞片和黏液——克服水中运动的阻力。 鱼鳍——水中运动（有的学生可能提出鱼鳔） 鱼鳃——呼吸等 问：人是用脚走路的，那么，鱼是怎样运动的呢？	回答：能，鱼类生活在水里。 据上表回答。 学生：用鳍游泳。	平等交流善于倾听达成共识。
2. 用鳃呼吸 3. 用鳍游泳	提问：大家看，老师在模拟鱼的什么过程？（模拟动作：两手分别放在两耳下方作为鱼的鳃盖，与口腔相互开合，模拟鱼的呼吸过程。） 说出你的认识和理由。 讲述：鱼在用鳃呼吸。关于鱼的呼吸问题，下节课我们探讨。现在我们先来研究研究鱼鳍的作用，是不是我们大家经常说的：鱼在水中靠鳍游泳？ 请大家把书翻到 P4～P6，请阅读。	喝水、呼吸、吃东西。 分别说自己的理由。 学生阅读课本 P4～P6。	学生对头脑固有的认识产生质疑。

第三主题 生物与环境

47

新课程生物怎么教

教学阶段	教师行为	学生行为	设计意图
探 究 实验	教师将制作好的投影片内容打出，为突破本节课的难点做准备。教师要强调正确使用剪刀，注意安全，尽量将对动物的伤害降到最小。 投影片：①你选择了何种方法探究？ ——捆扎鱼鳍还是剪掉鱼鳍？还是别的方法？ ②你准备探究的问题是什么？ ——背鳍作用还是腹鳍作用？还是别的鳍的作用？ ③你提出的问题是什么？针对提出的问题和观察到的现象，你作出了何种假设？ ④你的假设得到证实了吗？	学生按照课前准备四人一组围坐，准备探究实验。 各个小组按照课前的设计进行探究试验（胸鳍、腹鳍、背鳍、尾鳍等的作用），观察现象、讨论交流分析现象，得出结论。	通过探究提高学生的动手能力、观察能力、合作和交流能力。
	教师组织各组在班内交流。 通过启发思考的方式对学生的发言给予及时的引导和评价。 讲述：综合各个小组的实验结论；鱼的胸鳍和腹鳍主要起平衡作用；胸鳍还有转向的作用；背鳍维持鱼的身体直立状态——平衡的关键作用；尾鳍的摆动推动鱼向前运动，但它的动力来自鱼躯干和尾部的肌肉。 提问：今天经过试验得出的鱼鳍的作用与你原有的认识一样吗？如果不一样，你认为是今天的试验结论是正确的还是你原有的认识正确？说一说理由。	学生：各组代表宣布各组的实验结论。 倾听 思考	科学试验是正确认识的来源。 从认识水平上改变部分学生自以为是的习惯。

教学阶段	教师行为	学生行为	设计意图
小结	讲解：突出重难点，充分肯定学生的成功，但又要指出不足，引导学生全面认识本课的教学目标，逐渐让学生做事要先考虑周全，再去做的行为习惯。同时留白：下一节课将继续探究鱼的呼吸，请同学们做好准备！		本节知识系统化，为下一节课做准备。

七、板书设计

第五单元　生物圈中的其他生物

第一章　各种环境中的生物

第一节　水中生活的动物

一、动物的分类及分类依据

1. 按脊柱的有无分为：脊椎动物和无脊椎动物。

2. 按生活环境分为：水中生活的动物、陆地生活的动物、空中飞翔的动物。

二、鱼类的主要特征：

1. 生活在水中；2. 用鳃呼吸；3. 用鳍游泳。

八、课后反思

适时鼓励对八年级的学生来说，仍是调动学生学习积极性的有效手段。教师巡视检查学生讨论和观察情况，通过交流发现问题给予指导与评价。鼓励小组内同学间的交流。教师的一个鼓励的眼神，对学生就是一个无形的肯定。老师一定要及时鼓励，并对学生存在的不足及时指出，这样有利于学生的成长。

第三主题　生物与环境

课例6 陆地生活的动物

（人教版《生物学》八年级上册 第五单元 第一章 第二节）

在人教版《生物学》八年级上册的第五单元"生物圈的其他生物"这部分内容的安排中，是将动物按照其生活环境进行划分：水中生活的动物、陆地生活的动物和空中飞行的动物，而不是传统教科书中惯常的以动物的身体结构特征作为分类依据。因此，在教学中特别要注意的就是这些动物与其生活环境相适应的结构特点。《新课程标准》中指出："任何环境中都有多种多样的生物。每种生物都离不开它们的生活环境，同时，又能适应、影响和改变环境。生物与环境保持着十分密切的关系，并形成多种多样的生态系统。生物圈是最大的生态系统。"

陆地生活的动物一节的教学，要体现出陆生动物适应陆地生活环境的主要特征。要突出动物与环境的关系：一是通过对比，总结出陆地环境与水生环境的显著不同，如湿度（干燥）、温度（昼夜温差大）、缺少水中的浮力、气态氧的环境等；二是让学生通过观察、分析教科书提供的图片资料及影像资料，通过讨论、交流、填写记录表、分析比较等教学活动，总结概括出陆地生活的动物在形态、结构及生活习性等方面适应陆地环境的特点。

一、学情分析

知识技能：学生在本章的第一节学习了"水中生活的动物"，已经懂得各类动物都具有适应各自生活环境的形态、结构和生理特性。

情感兴趣：面对习以为常的一些陆生动物和熟悉的环境，教师提出"陆地环境的特点""这些动物是如何适应环境"等问题。学生会感到既熟悉，又陌生。这样更能激发学生的兴趣和参与热情。

二、教学内容分析

本节的教学内容貌似在《生物课程标准》中找不到相对应的内容和要

求；实际上本部分是在落实《课标》第三主题生物与环境的第一部分生物的生存依赖一定的环境；第二部分生物与环境组成生态系统；第八主题生物的多样性第一部分生物的多样性中的相应内容。

本章教材内容突出动物与环境的关系；本节课的主要教学内容有两方面：一是通过对比，总结出陆地环境与水生环境的显著不同，如湿度（干燥）、温度（昼夜温差大）、缺少水中的浮力、气态氧的环境等；二是让学生通过观察、分析教科书提供的图片资料及影像资料，通过讨论、交流、填写记录表和分析比较等教学活动，总结概括出陆地生活动物在形态、结构及生活习性等方面适应陆地环境的特点。

三、教学目标

知识与技能：1. 说出水中环境与陆地环境的主要区别。
　　　　　　2. 举例说明陆生动物适应陆地环境的形态、结构特征和生理特征。
过程与方法：运用比较分析的方法说明陆生动物与陆地环境相适应的主要形态、结构和生理特性。
情感态度价值观：1. 认同保护动物的多样性就必须保护自然环境的多样性。
　　　　　　　　2. 认同保护珍稀野生动物首先要保护它们赖以生存的栖息地。

四、教学重点和难点

教学重点：1. 水环境与陆地环境的差别。
　　　　　2. 陆生动物与陆地环境适应的形态结构特征和生理功能特征。
教学难点：陆生动物与陆生环境相适应的形态结构特征和生理特征。

五、教学方法和教具准备

教学方法：谈话法。
教具准备：教师准备多种陆生动物生活片断的影像资料，解剖盘每组一个。学生准备鲫鱼，每组一尾。

六、教学过程

教学阶段	教师行为	学生行为	设计意图
复习	提问：在本章的第一节我们学习了水中生活的动物，鱼——终生水生的脊椎动物，鱼有哪些与水中生活相适应的形态和结构特征？ 根据学生的回答情况适时地引导与提升并做简要的点评。	学生回忆作答。	巩固已学知识。
引入新课	指导学生观察：实验台水槽内的鱼在水中的姿态、运动、呼吸活动等。 请将鱼从水槽中取出放在解剖盘中，再次观察它的姿态、运动、呼吸等。 学生观察后要迅速地将鱼放回水槽。 讲述：鱼类能够很好地生活在水中，而不能生活在陆地上，这一方面说明鱼具有适于在水中生活的形态结构，另一方面也告诉我们陆地环境与水中的环境不同。	观察 观察	对比是常用的研究方法。 爱护实验动物。 逆向思维。
一、水生环境与陆生环境的差异 陆地环境的主要特点	提问：你所知道的陆地上与水中环境的差别？ 根据学生分析的原因，简要总结出水生环境与陆生环境的差异，用投影仪展示（表1）。 表1： 讲述：鱼等水生动物有一系列的与水生生活相适应的形态结构和生活方式，那么陆生动物又是怎样适应陆地生活的呢？ 板书：第二节 陆地生活的动物	思考、分组讨论。 班内交流。	明确水陆环境的主要差别。

表1：

	温度变化	氧气状态	浮力	湿度
水中环境	稳定	溶解在水中	大	水中
陆地环境	日夜有较大的温差	气态	小	低（干燥）

52

教学阶段	教师行为	学生行为	设计意图
二、 陆生动物与陆地环境相适应的特征	设问与讲述：陆地生活的动物在怎样的环境中生活呢？它们的形态结构、运动方式、呼吸等是怎样与陆地环境相适应的呢？请同学们仔细观看。播放陆地生活的动物的影像资料。 播放视频资料： 在视频资料播放过程中，教师应注意引导学生明确观看任务：有哪几种动物；它们的生存环境怎样；它们有什么样的运动方式和它们的形态结构；避免学生只看"热闹"，不看"门道"。 请同学们简单回答看到了哪些动物？生活环境怎样？什么样的运动方式？ 对学生的回答不予评判。 组织学生学习与讨论： 要求学生根据影像资料，结合教材P12页的图V－7图片资料，分析讨论图V－7中这八种动物的生活环境、运动方式、怎样呼吸、与生活环境相适应的形态结构等。 用投影仪展示简单的表格（表2），请各小组的代表说出自己小组的讨论结果，本组其他成员可以补充。每一小组可以任选一种动物描述，要求后面的小组不能重复前面的小组描述过的内容，但可以补充或发表不同意见。 表2：	观看 以抢答的形式回答教师提出的问题。 看教材中的图片资料，分组讨论、交流。 班内交流、讨论。	培养学生的观察能力、思维能力和团队合作精神； 感悟生物的形态结构与功能的统一，对生存环境的适应。

表2：

	1	2	3	4	5	6	7	8
生活环境								
运动方式								
呼吸器官								
与运动呼吸生活环境适应的特殊结构								

第三主题 生物与环境

新课程生物怎么教

教学阶段	教师行为	学生行为	设计意图
要保护动物必须保护其栖息地。	请同学们仔细观察表1、表2，并回想鱼等水生动物与水生环境相适应的形态结构特征，总结陆生动物与陆地环境相适应的形态结构特征。 用投影仪分别展示各小组的讨论结果。 组织学生讨论： 结论返回各小组，进一步完善。 巡视指导	各小组观察思考、讨论交流、讨论、归纳总结。 发表不同意见。 讨论与完善本组的结论。	学会倾听、尊重不同意见； 在不同意见中找出自己观点的不足。
	根据各个小组表格2的填写情况，将比较好的两个小组的结论再次用投影展示。	学生看投影，发表意见。	感悟生物多样性与环境多样性的关系；
	鼓励学生质疑。 板书：二、陆生动物与陆地环境相适应的特征 讲述：要适应陆地相对干燥的环境，陆生的无脊椎动物进化出了外骨骼；陆生的脊椎动物，爬行动物体表覆盖了角质鳞片，鸟类的体表覆盖羽毛等防止水分散失的结构；陆地上生活的无脊椎动物个体很小，体型稍大的动物一定是脊椎动物，它们进化出内骨骼，依靠发达的四肢支撑体重和运动；陆地环境氧气以气体状态存在于空气中，动物进化出了适于与空气进行气体交换的器官肺或气管；而陆地环境复杂多变发达的神经系统和感觉器官使动物能够对外界刺激做出灵敏、迅速的反应。 再次播放：陆地生活的动物的影像资料。	听、思考、整理自己的对陆生动物适应陆地生活的形态结构的认识。 学生边看边议论	生物生存在一定的环境中，要保护动物必须保护其栖息地。
	师生互动 就影像资料中我国珍稀动物的名称、栖息环境、具体栖息地和生存状况等进行师生互动。 通过师生互动关注野生珍稀动物，宣传和自觉地保护自然环境；保护动物最有效的措施是保护动物的栖息地。		

教学阶段	教师行为	学生行为	设计意图
小结	讲述：通过本节课的学习，我们知道了水生环境与陆地环境的不同之处，水生动物有适应水生环境的形态结构和生活方式，陆生动物有适应陆生环境的形态结构和生活方式，而由于陆地环境的复杂性，陆生动物的形态结构和生活方式更加多种多样。		明确本节课学习的基本观点。

七、板书设计

第二节　陆地生活的动物

一、水生环境与陆生环境的差异

二、陆生动物与陆地环境相适应的特征：

1. 陆地环境没有大量水，干燥；动物适应结构外骨骼、角质鳞片等防止水分散失的结构；

2. 陆地环境中空气的浮力很小，动物有肌肉发达的四肢以便支撑体重和运动；

3. 陆地环境氧气以气体状态存在于空气中，出现了适于与空气进行气体交换的肺或气管；

4. 陆地环境复杂，有发达的神经系统和灵敏的感觉器官以对外界刺激做出灵敏、迅速的反应。

八、课后反思

　　对比是一种行之有效的教学方法，但在运用的时候，一定要注意让学生通过充分的讨论得出结论，教师只是课堂中的引导者，学生才是课堂中的主人，让课堂成为培养学生的观察能力、思考能力、团队合作精神舞台，让学生学会倾听，尊重不同意见，在不同意见中找出自己观点的不足。

第三主题　生物与环境

第四主题　生物圈中的绿色植物

　　植物是生态系统中最重要的组成，这个主题主要是介绍绿色开花植物。它的生命活动直接或间接地为其他生物提供营养物质和能量，参与碳的循环和水分的蒸发。植物的结构和功能是重点介绍的教学内容，在教学中不仅要讲清楚植物学的知识，还要注重植物在生物圈中的作用。教师要站在生物学科的角度上，跳出植物学的框架。可以组织学生做各种关于种植植物的活动，帮助学生进行植物学方面的科学探究。这个主题包括：绿色开花植物的一生，绿色植物的生活需要水和无机盐，绿色植物的光合作用和呼吸作用以及绿色植物对生活圈的重大作用等四个二级主题。

课例7 种子萌发的条件

（北京版《生物》八年级上册 第十一章 第一节）

根据《生物课程标准》"将科学探究引入义务教育阶段生物课程的内容标准，是为了促进学生学习方式的改变，使学生能主动地获取生物科学知识，体验科学过程与科学方法，形成一定的科学探究能力和科学态度与价值观，培养创新精神"的要求，本节课组织学生探究"种子萌发的条件"，进一步综合培养学生的科学探究能力，此探究活动的实验设计有较大的难度，因为探究的条件不止一个，要设置的对照组也不止一个等一系列困难。本课要通过让学生在"做科学"的过程中，进一步学会生物学实验的一般方法，体验科学发现的过程，探索科学的乐趣。但由于学生尝试自主与合作设计对照实验的经历较少，对对照实验的原理和方法还缺乏认识，因此，如何巧妙地引导，使学生深入思考、相互讨论、共同合作，是本实验成功的关键和难点。

一、学情分析

知识技能：学生已经学习了种子的结构，也有种子在一定条件下能够萌发的生活常识；初一年级已经学习过常用的生物学研究方法；但学生头脑中的种子萌发所需要的外界条件来自生活与想象其中有些是错误的。

情感兴趣：对于实验的设计与分析是学生感兴趣的内容，也乐于表达自己的想法。但不善于倾听，或有部分学生会只等着最后的方案和结论。教师既要注意培养学生善于倾听的人文素养，也要注意启发和组织全体参与课堂讨论。

二、教学内容分析

本节课的教学内容为《生物课程标准》第四主题生物圈中的绿色植

57

物，第一部分绿色开花植物的一生中的内容；《课标》的具体内容标准为："描述种子萌发的条件"。在北京市义务教育课程改革实验教材《生物》安排在第十一章生物的生长和发育，第一节植物的生长和发育中。

本节课的教学内容：种子的萌发的条件；是在前面一章学习了绿色开花植物的有性生殖，学生已经学习了植物的传粉受精和果实、种子的形成；在前一节课学习了种子的结构的基础上进行。种子萌发需要哪些条件是这一节课要解决的问题。种子萌发条件的探究是本章的一个重点和难点，也是发展学生科学探究能力，认同科学研究是人类正确认识自然规律的基本方法的很好机会。知识性内容并不难，但是让学生设计可行的探究实验、科学地分析实验现象是不易的，良好的课堂讨论秩序、有效的引导都存在一定难度。因为学生的一些实验设计事先并不完全了解。课上要鼓励学生积极表达自己的想法。

另外，"种子的萌发的环境条件"的探究活动，需要若干天的时间才能完成，本堂课的做法是在课内完成探究活动的实验设计，老师用事先做好的装置展示实验的现象，然后分析得出结论。学生在课后继续完成自己的实验设计并做好观察和记录等工作，在另外的课上进行交流讨论。

三、教学目标

知识目标：1. 阐明种子萌发的自身条件和环境条件。

2. 运用所学知识解释生活现象。

能力目标：尝试用实验法探究种子萌发的条件。

情感态度价值观：1. 认同科学实验是人类认识自然规律的重要途径。

2. 通过分析种子萌发的内部条件和外部条件的学习，初步树立事物变化的内因与外因的辩证唯物主义的观点——外因是变化的条件，内因是变化的根据。

3. 渗透善于倾听是良好的人文素养。

四、教学重点和难点

教学重点：1. 种子的萌发所需要的外界条件。

2. 探究种子萌发条件的实验设计及分析。

教学难点：探究种子萌发条件实验设计及分析的组织教学。

五、教学方法和教具准备

教学方法：讲授法、讨论法。

教具准备：多媒体课件、种子萌发的演示实验。

六、教学过程

教学阶段	教师行为	学生行为	设计意图
复习 引入	出示：菜豆种子、玉米籽粒的结构图。 提问：识别菜豆种子、玉米籽粒的结构。种子中最主要的结构是什么？ 你们家要种几颗葫芦由你挑选种子，你选什么样的种子，有些破损的还是完整的？饱满的种子还是和不饱满的种子？	回答 回答：完整、饱满的种子。 听讲	通过复习种子的结构和问题情境引出新课。
新课 二、种子萌发 （一）种子萌发的条件	讲述：种子里具有完整的有生命力的胚，以及供胚发育所需的营养物质，这是种子能够发育成幼苗的内部条件。 板书：二、种子的萌发 （一）种子萌发的条件 1. 内部因素：完整的胚，储存着丰富的营养物质。		明确种子萌发的内部因素。
1. 内部因素	追问：能设计实验证明只要是完整饱满的种子就能够萌发吗？还需要哪些外界条件？ 提示：注意单一因素的控制，要设计对照组。根据学生的回答，完善此实验的设计。	思考、回答：需要外界条件。	

新课程生物怎么教

教学阶段	教师行为	学生行为	设计意图
2. 种子萌发所需外部条件	讲解：家里、粮仓里储存的种子一般不会发芽，只有把它们种在地里或进行培育才能发芽，可见种子发芽需要一定外界条件。 提问：根据你对种子的萌发了解，你认为种子萌发需要哪些外界条件？ 追问：究竟是不是这样呢？我们吃的绿（黄）豆芽——绿（黄）豆萌发的结果。它们的萌发过程一定在土壤中吗？没有土壤，种子会不会萌发？没有阳光会不会萌发？ 讲述：看来最主要的因素水、空气、温度。是不是这样呢？我们要通过实验来检查我们的认识是否正确。 针对每个条件单独进行探究——提出问题、做出假设。	思考、回答：水分、空气、温度、阳光、土壤等。 质疑	引导学生分析提出问题并作出假设。 科学实验是人类认识自然规律的基本途径和方法。
设计实验	组织学生讨论：实验设计方案、理清设计思路和设计原则。全班共6组，每两个组讨论一个条件。 学生讨论时，教师要巡视，及时解决学生遇到的问题，了解各小组的大致情况。还要掌控课堂讨论情况，保证讨论秩序。 组织学生交流本小组的实验设计和预期。一个小组讲完之后其他组可以进行补充。最后老师根据学生讨论情况，进行有针对性的简单评价和小结，主要是明确是否是单一因素的对照实验、实验设计是否简单易行，语言表达是否清楚，存在什么问题等。	前后4人一个小组，设计实验，做出实验预期。 发表自己见解、倾听不同的观点、提出意见或建议、交流达成共识。	科学方法训练。 培养学生表达交流的能力，善于倾听的人文素养。

教学阶段	教师行为	学生行为	设计意图
分析实验现象得出实验结论	组织学生看书中的实验设计，做出本组实验的预期。出示：种子萌发的演示实验 实验结果：只有2号种子萌发 组织讨论：讨论教材P33讨论题 <table><tr><td></td><td>萌发</td><td>未萌发</td><td>未萌发原因分析</td></tr><tr><td>实验1</td><td>2</td><td>1</td><td>无水</td></tr><tr><td>实验2</td><td>2</td><td>3</td><td>无空气</td></tr><tr><td>实验3</td><td>2</td><td>5</td><td>胚不完整</td></tr><tr><td>实验4</td><td>2</td><td>8</td><td>温度不适宜</td></tr></table> 板书：1. 内部因素：完整的胚　2. 外部因素：适宜的温度、充足的空气和适量的水分	思考、回答：种子萌发的需要的外界条件：适宜的温度、充足的空气和适量的水分	在学生的讨论中暴露问题，教师有针对性地讲解。
拓展	提问：在日常生活中，如何应用种子萌发条件贮存粮食（种子）？ 讲解：常用的是最经济的方法，通过晾晒种子降低种子的含水量；家中用瓶子密封的方法储存粮食，不是防止种子萌发而是用缺少氧气的环境抑制粮食中虫卵的孵化。	回答：晾晒种子（干燥）低温、密封（可乐瓶）。	联系生活，练习知识的应用，体会学科价值。
课堂练习	组织学生做练习，及时反馈和订正。	做练习。	
课堂小结	强调重点是种子的萌发条件，内部因素是胚完整的，营养物质丰富；外部因素是需要适宜的温度、充足的空气和水分。要求学生尝试自己设计实验证明种子萌发所需要的外部条件。遇到问题或需要用实验室仪器或场地随时来找老师，非常高兴与你同学们合作与交流。	回忆与整理本节课所学内容。	明确重点，布置任务。

第四主题　生物圈中的绿色植物

七、板书设计

二、种子的萌发

（一）种子萌发的条件

1. 内部因素：完整的胚，储存着丰富的营养物质。

2. 外部因素：适宜的温度、充足的空气、适量的水分。

八、课后反思

本节课通过学生自主探究和小组合作探究，对"影响种子萌发的条件"进行了实验设计。从教学效果看，学生通过初一的实验法训练，对于生物学探究实验的方法基本掌握。首先在教师创设情景之后，学生能够根据已有知识和提供的感性材料提出问题并做出假设。在小组实验设计过程中，绝大多数学生能够按照要求独立思考，融入小组讨论设计实验的过程中。教师在指导实验时，认真倾听学生讨论内容，及时发现问题给予提示，并适时给予鼓励，调动学生积极性。小组交流实验方案过程中，调动同学对其他组同学的实验设计，给以评价，指出优点，提出质疑，共同完善。教师应提示学生如何在研究单一因素的同时控制好其他的可变因素的方法，并且对于学生的疑问给予解答，如学生对水中含氧量的疑惑等。通过独立思考，小组讨论，组间交流，每个小组的实验设计基本完善。对于这种开放的探究实验，课上讨论要给予学生充足的时间，使学生真正成为课堂的主体。教师要起到引导的作用，多鼓励、多启发学生。此外要求教师具有丰富的知识储备和敏捷的思维，以应对学生可能提出的各种问题。在以后的授课过程中，自己还应不断积累经验、开阔思维，以便更好地组织学生开展探究活动，提高学生的探究能力、创新能力、思维能力。

附录：学生活动学案指导

请参照本提纲和课本的方案，以实验小组为单位制定实验计划：

1. 你想探究的是什么问题？

2. 课后你将立即实施本计划，在此前提下，你认为选择什么样的种子比较好？

3. 每一组应当至少有多少粒种子？每一组只有一粒种子可以吗？

4. 你准备怎样设置实验对照组时，实验对照组提供什么样的外界条件？对每一个实验组的处理，除了所研究的环境外，其他环境是否应当与对照组相同？

5. 实验探究时需要哪些材料工具？

6. 实验中应如何操作？实验过程中应注意哪些问题？

7. 明确分工了吗？

组长：主持讨论每一个问题，作好分工。

讨论内容记录员：简单记录讨论结果，准备大组交流

实验主操作人：负责实验的操作，其他人辅助

观察记录员：负责观察、记录实验结果

8. 用简图或文字书面表达出实验设计方案。

第四主题　生物圈中的绿色植物

课例8 观察叶片的结构（实验）

（北京版《生物》七年上册 第四章 第一节）

生物的结构与功能相适应，是生物学中的重要观点。本节课以知识教学与实验教学同步的模式进行，以学生为中心，以活动为中心，通过实验观察，使学生从宏观到微观、从感性到理性的认知叶片的结构和功能。徒手切片的制作是学生初次接触，要想让学生在短时间内掌握好制作技术是比较困难的，需要教师的规范演示，以及对学生操作的指导。

一、学情分析

知识技能：学生已经有了叶的组成、叶片的形态和叶是光合作用的器官等知识；叶片的结构图在"绿色植物的结构层次"一节中曾出现，学生对叶片的结构有一定的了解。显微镜的使用和临时装片的制作是本学期前面已经学习过的技能；通过观察自己制作的切片认识叶片的结构与通过观察现成的叶片横切面切片认识叶片结构两种方式比较，显然前者学生的积极性更高。

情感兴趣：对于实验学生兴趣很高，但容易带着"玩儿"的态度进入课堂，教师要注意课堂的组织；学生容易投入实验，但实验操作的规范性、认真仔细观察的态度和探究精神都需要教师在实验中培养。

二、教学内容分析

本节课的教学内容在《生物课程标准》第四主题生物圈中的绿色植物，第二部分绿色植物的生活需要水和无机盐中，具体内容标准"描述绿色植物的蒸腾作用"；第三部分绿色植物的光合作用和呼吸作用中，具体内容标准"阐述绿色植物的光合作用"的结构基础。北京市义务教育课程改革实验教材《生物》第四章生物的营养，第一节植物的营养中的内容。

学生在前面已经学习了植物生活需要的水和矿物质——根吸收、光合作用的器官——叶。那么，叶片具有怎样的结构与进行光合作用的功能相适应是本节课要解决的主要问题。叶的结构与其功能相适应的特点也是本章的一个重点。组织学生通过一系列实验观察认识叶片的结构，不仅学习新知识，再次练习显微镜使用技能和临时装片的制作技能，同时渗透从现象到本质的认知思想方法。

本节教学过程既有学生分组实验又有同学之间的讨论和教师的教学指导，对时间的掌控是教师在教学进行中一定要关注的问题。

三、教学目标

知识目标：1. 结合叶片的横切面模式图，在低倍镜下识别叶片各部分的结构，说出叶片各部分结构的名称。

　　　　　2. 能说出叶片内部结构的主要功能。

能力目标：1. 能够在低倍镜下找到叶片横切结构的清晰物像。

　　　　　2. 依据临时装片的制作程序，尝试徒手切片的制作。

情感态度价值观：1. 逐步确立实事求是的科学的学习态度。

　　　　　　　　2. 认同叶片各部分的结构与功能相适应的生物学观点。

四、教学重点和难点

教学重点：叶片的各部分结构与其功能相适应的特征。

教学难点：1. 叶片的各部分结构与其功能相适应的特征。

　　　　　2. 组织学生有序有效地进行观察、学习。

五、教学方法和教具准备

教学方法：实验法、谈话法。

教具准备：菠菜叶、叶片横切面切片、叶表皮装片、显微镜、镊子、解剖剪、载玻片、盖玻片和清水等。

六、教学过程

教学阶段	教师行为	学生行为	设计意图
引入 复习	讲述：通过对光合作用的探究，我们知道叶是光合作用的器官。今天我们就在这里了解和认识叶片的结构。 提问：①怎样制作临时装片？ ②显微镜的使用程序与方法？	思考、回答：对光、调焦、观察。	渗透结构与功能的统一。 复习临时装片的制作和显微镜的使用，为后面的实验做准备。
新课 实验 确认叶 片气孔 的存在	组织学生观察菠菜叶片的形状、大小和颜色等；提示学生注意叶脉、菠菜叶片正反面的颜色差别等。 组织学生实验：把菠菜叶浸于水中，口含叶柄，向叶柄内用力吹气，同时观察浸在水中的叶片表面变化。 提问：在上述实验中你在水中的叶片表面看到了什么现象？ 叶片正反两面的气泡数量相同吗？ 气泡可能是从哪里出来的？ 讲述：请同学们在菠菜的叶片上找一找，气泡冒出的结构。 组织制作菠菜叶片表皮的临时装片。 讲解与示范：叶片的正面向上对折，轻轻地斜撕开，这时可以看到在撕口处有一层透明的薄膜。 提问：这层透明的薄膜是叶片的什么结构？	观察 实验操作、观察。 回答：看到了气泡 继续观察回答：叶片背面的气泡多些。 思考 学生观察、操作，认识透明的叶片有上下表皮。	通过实验感悟到"气孔"的存在。

教学阶段	教师行为	学生行为	设计意图
认识 表皮 表皮细胞和气孔的结构与功能	撕下来的表皮上面会带着一些绿色的叶肉组织，要及时提示。 组织观察菠菜叶表皮的临时装片： 观察菠菜叶的表皮，对照教材 P68 图 4 - 11 表皮细胞与气孔，认识表皮细胞和气孔。 提醒学生注意观察表皮细胞的特点——形状不规则、无色透明、排列紧密，思考这样的特点的好处是什么？ 学生观察时，教师要巡视指导，及时纠正显微镜使用过程中，学生的不规范操作。 提问：看到了什么？刚才看到的气泡是从叶片表皮的哪里冒出来的？ 出示：表皮结构图。 提问：请指出哪些是保卫细胞？哪些是气孔？ 提问：根据叶片表皮的位置，你认为它有哪些功能？ 表皮细胞的结构特点：形状、颜色、排列状况等，和气孔的存在与表皮的这些功能有着怎样的关系？ 讲述：叶片表皮向外的一面有角质层。有保护和防止水分蒸发的作用。 提问：保卫细胞与表皮细胞形状和颜色有什么不同？ 讲解：保卫细胞内有叶绿体所以颜色深；两个半月形的保卫细胞以控制气孔开闭。 提问：为什么叶片的下表皮气孔多于叶片的上表皮？	制作菠菜叶片表皮的临时装片并通过显微镜观察。 对照教材 P68 图 4 - 11 表皮细胞与气孔，认识表皮细胞和气孔。 回答：气泡是从气孔冒出的。 识图回答。 回答：保护，气体进出等。 形状不规则、无色透明、排列紧密；既能起到保护作用又不阻挡光线透过。 回答：保卫细胞是半月形的，颜色较深。	结构决定功能。 学习不仅要知其然还要知其所以然。 教学反馈。 领悟结构与其功能的统一。

第四主题 生物圈中的绿色植物

新课程生物怎么教

续表

教学阶段	教师行为	学生行为	设计意图
叶肉的结构与功能	组织指导观察叶片的横切切片： 要求学生对照教材 P67 图识别自己在显微镜下看到的叶片各部分的结构。 学生观察学习时，教师巡视，及时指导帮助学生纠正不规范的操作。 提醒学生观察时要思考以下问题： ①横切图中看到的表皮细胞形状？ ②靠近上表皮的叶肉细胞与靠近下表皮的叶肉细胞形状、颜色、排列有什么不同？ ③为什么叶片上面比下面更绿？ ④叶肉细胞的主要功能是什么？ ⑤叶为什么是绿色？有什么意义？ 出示：叶的横切图。 请学生指出叶片横切图所示的叶片结构名称。逐一明确上述问题。根据学生回答情况，教师进行适时引导和补充。	观察叶横切，对照教材 p67 图认识各部分名称。 观察、思考问题①~⑤。 指出叶片横切图所示的结构名称；回答①~⑤问题	领悟结构与其功能的统一。
叶脉的结构与功能	提示：通过显微镜观察叶片的横切看到的叶脉与我们通过肉眼观察到的叶脉的联系与区别？大小与观察角度的差别。 思考：叶脉的功能？	观察、思考	领悟结构与其功能的统一。
巩固练习	出示叶片结构模型： 通过提问的方式复习巩固叶片结构特点和功能。	回答	教学情况反馈。
整理实验用具	组织学生整理实验台	整理实验用具和实验台。	培养良好的习惯和严谨的科学态度。

68

教学阶段	教师行为	学生行为	设计意图
课堂小结	强调叶是光合作用的器官；结构上叶片的表皮细胞排列紧密、无色透明、外侧有角质层，有由保卫细胞形成的气孔；功能上透光、保水，能够有调节蒸腾和通气；叶肉细胞里含有许多叶绿体，因而能够进行光合作用；叶脉支撑着叶片，使叶片充分接受到阳光，它的运输结构即能及时向叶片供给光合作用的原料，也能将产物运输到需要的地方。		知识系统化。
练习反馈	组织学生完成生物同步检测上的相关题目，根据答题情况进行反馈。		及时反馈。

七、板书设计

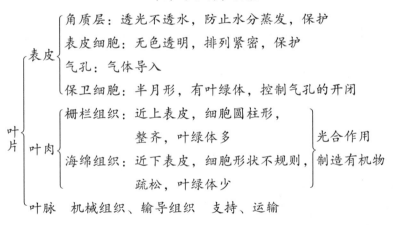

叶片的结构、功能

表皮
- 角质层：透光不透水，防止水分蒸发，保护
- 表皮细胞：无色透明，排列紧密，保护
- 气孔：气体导入
- 保卫细胞：半月形，有叶绿体，控制气孔的开闭

叶片
- 叶肉
  - 栅栏组织：近上表皮，细胞圆柱形，整齐，叶绿体多
  - 海绵组织：近下表皮，细胞形状不规则，疏松，叶绿体少
  （光合作用 制造有机物）
- 叶脉　机械组织、输导组织　支持、运输

八、课后反思

课堂上学生在教师的示范与指导下，能够进行叶片横切面徒手切片制作的操作；但要切出合格的叶片横切片还是有相当的难度，这是一种需要反复练习才可能掌握的技能。为便于操作可采用依托支持物法进行徒手切片：

1. 准备支持物。把马铃薯块茎或萝卜切成高 3 ~ 5 厘米，长和宽各

第四主题　生物圈中的绿色植物

1～2厘米的长方体小块，再将小块纵切一条缝，但不能切到底；

2. 把新鲜叶片切成长方形，夹在支持物的切缝中。用左手拇指和食指捏紧夹者叶子的支持物，拇指低于食指，以防被刀片划破；

3. 右手拿着沾过水的刀片，刀口对着支持物，向自己的方向连续作水平斜向拉切（拉切时用手臂力量）。用干净湿润的毛笔把切下的薄片轻刷在盛清水的培养皿里。

课例9 光合作用的实验探索

（北京版《生物》七年级上册　第四章　第一节）

　　《生物课程标准》提出"面向全体学生、提高生物科学素养、倡导探究性学习"的理念。实验探究式学习，起点高（情境高于教材）而落点低（解决问题的基本技能、基本方法和基础理论直接或间接源于教材），既能培养解决问题的能力、方法和思维，还能让学生在问题解决过程中主动获取知识。对学生而言，实验过程中问题的解决不仅是一个知识输出的再现过程，更是一个知识信息重组和整合的获得性过程。以一组光合作用实验探索为线索，分析科学—技术—社会的相关问题，让学生意识到为解决实际问题需要科学知识，从而激发学习的积极性、主动性，通过学习生物学知识来解决生活中的实际问题。

　　以课内外学生实验、探究性学习与教师的过程式教学引导为依托实施本节教学，学生始终处于主动探索地位，思维活跃，培养了学生的创新精神，对前人做过的实验，学生经过再发现、再提问、再探究，能很好地把握实验要点。

一、学情分析

　　知识技能：学生已通过小学科学课以及前面有关光合作用发现史和叶片结构的学习，对光合作用有了初步的认识；知道植物细胞的结构和功能；通过一学期生物学的学习，知道实验探究的基本方法和实验设计时一些应该注意的事项，能够对观察到的一些简单的生物现象提出问题、做出假设，设计对照性实验和根据实验现象，得出实验结论。

　　本节学习内容学生缺乏的相关知识：初中一年级的学生还没有学习化学，对于在实验中遇到的化学问题存在困难。教师要在学案中向学生提供相关的化学知识，以助于学生理解和解释相关实验现象。

第四主题　生物圈中的绿色植物

在设计实验中学生会遇到一些困难，教师在设计学案时将众多的实验要素分解，引导学生完成实验设计。

情感兴趣：处于青春期的初一学生的认知已经开始从以具体的形象思维为主逐渐向抽象逻辑思维为主过渡，但思维还常常与感性经验直接相联系，仍需具体形象的事物来支持。此时期的学生有着强烈的探究欲望，喜欢自己动手实验操作。

二、教学内容分析

"光合作用的实验探索"是北京版《生物》七年级上册中第四章"生物的营养"中第一节"植物的营养""有机营养的制造"中的重要内容。该内容为《生物课程标准》第四主题"生物圈中的绿色植物"内容之一。《课标》要求为："阐明绿色植物的光合作用，探究光合作用的条件、原料和产物。"

光合作用是绿色植物的一项非常重要的生理功能，是自然界物质循环与能量流动的基础。本节课光合作用的一组探索性实验是教学中突出重点和突破难点，帮助学生构建系统完整的光合作用知识的关键。同时这部分知识，与高中生物《能量之源——光与光合作用》的内容联系紧密，是学生进一步学习光合作用的基础。

三、教学目标

知识目标：通过一组光合作用实验的探索，总结概括光合作用的原料、产物、条件和场所，推出光合作用的概念和文字表达式。

能力目标：

1. 能够根据给出的化学知识，选择淀粉、氧气的鉴别方法。

2. 通过光合作用的一组探索性实验过程，练习观察和记录实验现象。

3. 尝试探究光是光合作用的必要条件的实验过程，体验科学探究的方法，分析实验组和对照组的设置，变量的控制，做出实验预期，在探究活动中提高分析、判断、推理的能力。

4. 能够按照实验步骤，规范操作完成实验，明确每一步的实验目的，通过对实验现象的分析得出结论，体验从现象到本质的认识过程。

5. 尝试补充完成光合作用概念图。

情感态度价值观：通过探索光合作用的原料、产物、条件和场所等实验活动，体验小组合作的乐趣，促进规范操作习惯的养成，逐步确立实事求是的科学态度。

四、教学重点和难点

教学重点：实验探索光合作用的原料、产物、条件和场所。

教学难点：探究光是光合作用的必要条件，分析实验组和对照组的设置，变量的控制，做出实验结果的预期。

五、教学方法和教具准备

教学方法：实验探究、合作学习。

教具准备：

1. 实验材料与用具：黑藻、银边天竺葵；大烧杯、小烧杯、石棉网、三角架、酒精灯、培养皿、镊子、黑纸、曲别针、2.5L 可乐瓶、小木条、火柴；清水、碳酸氢钠、饱和氢氧化钙溶液和凡士林等。

2. 多媒体资料：光合作用释放氧气的视频、相关图片等。

六、教学过程

教学阶段	教师行为	学生行为	设计意图
导入	展示：粮食危机图片 讲述：随着世界人口的不断增多，粮食已威胁着人类的生存。为了提高农作物产量，农业生产中有很多利用光合作用原理的实例，如合理密植、间作套种、在蔬菜大棚中注入适量二氧化碳等。 展示：农业生产合理密植、间作套种、蔬菜大棚的图片。	观看、思考	通过人类面临粮食危机，从农业生产上应用光合作用原理提高产量的实

新课程生物怎么教

教学阶段	教师行为	学生行为	设计意图
新课 氧气是光合作用的产物	讲述：今天，就让我们通过一组光合作用的实验探索，像科学家一样去观察、思考、实验，更加深入地认识阳光下最大的"魔术"——光合作用。	明确学习任务	例，创设问题情境，引发学生思考。
	展示：光合作用释放氧气实验装置 介绍实验装置： 塑料饮料瓶去掉标签，洗净晾干，瓶口周围涂抹适量凡士林； 瓶内放入100g黑藻，加入清水至瓶内留出100ml的气室作为潜在气室，加入少量碳酸氢钠增加水中二氧化碳含量； 慢慢挤压瓶身使液面与瓶口齐平，盖上瓶盖，拧紧不漏气； 将此装置放置在阳光充足处； 当潜在集气室全部外显出来时，即可用点燃的木条进行检验。 提问：你在黑藻表明看到了什么？ 气体可能是从黑藻叶片的哪部分结构释放出来的？	观察、黑藻在光下"吐出"许多小气泡 回忆已有知识回答。	培养学生的观察能力，

教学阶段	教师行为	学生行为	设计意图
	提问：你认为植物释放的是什么气体呢？根据学案中的化学知识，你想怎样验证植物释放的气体是氧气？ 演示实验：验证光合作用产生氧气。 实验现象：带火星的木条接触到植物释放出气体——复燃。 提问：根据学案提供的化学知识，带有余烬的木条会在什么气体中复燃？ 你认为这些氧气来自何方？ 讲述：光合作用释放氧气，氧气是光合作用的产物。 提问：绿色植物在光下释放氧气对空气中氧气浓度的稳定有什么意义？	根据已有知识回答。 根据学案中的化学知识，选择检验氧气的方法。 观察实验现象：带火星的木条复燃。 氧气。 光合作用产生氧气。 （填写学案实验1） 思考回答	知识的应用与迁移。
淀粉是光合作用的产物	设问：光合作用的产物除了氧气还有什么呢？ 展示：按照萨克斯光合作用实验处理，滴加碘液染色后的银边天竺葵叶片。 提问：叶片颜色产生什么变化呢？ 叶片的哪部分变蓝？哪没有变蓝？遇碘变蓝说明叶片的这部分有什么物质？你如何解释这一实验现象？	思考质疑，产生实验探索的欲望。 观察：描述实验现象。 根据给出化学知识，推断叶片变蓝的部分有淀粉产生。 思考，提出问题。 （填写学案实验2）	观察分析实验，逆向思维由实验结果推测现象产生的原因，提出进一步实验探究的问题。

第四主题　生物圈中的绿色植物

新课程生物怎么教

教学阶段	教师行为	学生行为	设计意图
光合作用的条件、场所 提出问题 设计对照实验	提问：叶片没有变蓝说明没有淀粉产生，叶片被遮光部分没有淀粉产生这一现象说明光合作用的必要条件有什么？ 任务驱动：以小组为单位，验证光是光合作用的必要条件。 展示：实验材料银边天竺葵。 讲述：以银边天竺葵为材料，结合课本P70～P71实验，从制造有机物的角度（淀粉的颜色反应）设计实验，分析学案中实验3问题1-3 思考问题：你的实验预期是什么？你将怎样设计实验？实验自变量（单一因素）是什么？ 组织学生交流对照实验的设计和实验预期。	引发思考、结合已有知识猜想光合作用的必要条件之———光。 4人一组小组讨论，依据学案的要求，提出问题、做出假设、明确单一因素，区分实验组和对照组，提出相应的实验预期。 小组交流	学生以小组为单位，实验验证光是光合作用的必要条件，注重对照实验的设计，实验变量的控制，对实验结果的预期，引导学生分析实验步骤的目的。在学案中将实验要素分解，设置台阶，引导学生探究。
进行实验	展示：实验装置 提问：①实验前，为什么要将天竺葵进行暗处理？ ②对一片叶子部分遮光的目的是什么？这样的实验设计是什么意思？ 实验：以小组为单位，按照实验步骤完成实验。指导学生实验操作，注意提示学生酒精灯的正确使用方法和实验安全（准备湿抹布）。 提出思考题，引导学生根据已有知识和所给化学知识解释下述实验目的： ③将叶片放到酒精中加热的目的是什么？为什么要用酒精而不是水煮叶片呢？ ④为什么要用水浴的方式加热酒精（酒精隔水加热）？	生物小组同学之一介绍实验前期准备工作：选择叶片遮光、暗处理、光照。 按照实验步骤，规范操作、认真观察实验现象、积极思考，尝试解释每一步实验操作的目的。 （填写学案实验3）	

教学阶段	教师行为	学生行为	设计意图
叶绿体是光合作用的场所	⑤叶片经酒精脱色后为什么还要用清水漂洗？ ⑥当绿叶在酒精中变成黄白色时，此时能看出遮光部位和未遮光部位的区别吗？ ⑦往叶片上滴加碘液的目的是什么？ ⑧经过碘液处理后，叶片发生了什么变化？如何解释这一现象？ 讲述：光是光合作用的必要条件。 提问：如果从光合作用释放氧气的角度设计实验能否验证光是光合作用的必要条件？你想怎样做这一试验？	在等待叶片脱色的过程中，分析③④⑤步实验目的。 观察实验结果和预期是否一致，得出实验结论。 结合已有知识，思考回答问题。	分析实验现象得出叶绿体是光合作用的场所这一结论。 分析生活中植物生长黄化现象，光是叶绿素形成的必要条件。
	提问：我们所选用的实验材料银边天竺葵的叶片的边缘不是叶片正常的绿色而是白色这部分叶片的叶肉细胞内可能缺少什么结构？ 在刚才的实验中，我们发现叶片银边的部分，不论是否有光线照射，都没有淀粉产生，这一现象说明什么？	叶绿体中的叶绿素使叶片呈现绿色，银边部分细胞没有叶绿体。 光合作用的场所在叶绿体内 （填写学案实验4）	
	讲述：可见光合作用是在细胞的叶绿体中进行的。 设问：叶绿体中的叶绿素的形成需要哪些外界条件？ 播放实验录像：植物叶黄化现象的产生 提问：植物为什么会出现黄化现象呢？ 如何使黄化的叶片恢复绿色呢？ 播放实验录像：植物黄化苗的恢复 任务驱动：在不损伤植物叶片的前提下，想在植物叶片上不用笔就能画出★，有没有什么好办法？希望同学们在课后进行尝试。	思考质疑 观看视频。 根据录像得出现象产生原因，没有光照。 根据黄化产生的原因，逆向思考。 有兴趣的同学课后完成。	

第四主题　生物圈中的绿色植物

教学阶段	教师行为	学生行为	设计意图
二氧化碳和水是光合作用的原料	设问："巧妇难为无米之炊"。绿色植物是以什么为原料在光下制造氧气和有机物的呢？ 展示：光合作用需要二氧化碳实验装置 介绍实验装置： 取两枝同一植株上，发育状况基本相同的银边天竺葵枝条，将枝条分别放入装有等量清水的小烧杯中； 分别将两个装置放入装有等量的饱和氢氧化钙溶液和清水溶液的大烧杯中，密封杯口； 按照教材［实验］绿叶在光下产生淀粉的方法进行检验。 甲　　乙	思考质疑 观察	进一步训练学生实验观察和结果推断能力。
	提问：①观察到装置中原本澄清的石灰水有什么变化？ ②根据学案中给出的化学知识，分析原本澄清的石灰水为什么变浑浊？ ③为什么这片叶子遇碘液后没有变蓝？ ④是什么因素使这片叶子在有光照的情况下没有淀粉生成？ ⑤从空气中氧气与二氧化碳浓度保持相对稳定的角度，你怎样认识植物光合作用的意义？ 提问：如果在光合作用产生氧气装置的	①有白色沉淀产生。 ②根据给出化学知识，分析得出澄清石灰水吸收空气中的二氧化碳变浑浊。 ③没有淀粉。 ④没有二氧化碳。二氧化碳是光合作用的原料。	从生态学的角度宏观的认识光合作用。

教学阶段	教师行为	学生行为	设计意图
	水中，注入适量的二氧化碳，会有什么现象呢？ 说明：科学家通过实验证实，水也是光合作用必需的原料。	⑤回答： （填写学案实验5） 结合已有知识，思考回答问题。	
光合作用的概念和文字表达式	讲述：通过一组实验探索，重温了科学家发现光合作用的过程。 任务驱动：1. 请你用最简练的语言描述光合作用。 2. 请尝试用公式的形式表示光合作用。教师给出光合作用各要素卡片。 3. 联系已经学过的植物营养的知识，补充光合作用概念图中的空缺。	1. 归纳光合作用的概念。 2. 书写光合作用文字表达式，请同学在黑板上写。 3. 补全光合作用概念图。	由现象到本质，有助于学生对概念的理解，用概念图填写评测学生对概念理解的程度。
结束	讲述：通过这节课的学习，我们对光合作用有了新的理解与认识。 提问：现在你能用光合作用的相关知识解释农作物生产中的间作套种、合理密植等问题了吗？ 设问：你还有什么更好的方法利用光合作用，提高农作物的产量吗？ 光合作用在维持生物圈物质循环有什么作用？ 下节课我们继续讨论上述问题。	应用所学知识解决实际问题。思考质疑。	关注科学—技术—社会，设置疑问为下节课铺垫。
反馈练习	课后拓展（见学案）	完成相关练习。	

七、板书设计

（三）光合作用的实验探索

条件：光

场所：叶绿体

第四主题 生物圈中的绿色植物

79

原料：二氧化碳和水

产物：淀粉和氧气

文字表达式：

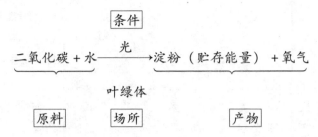

八、课后反思

本节课教学设计针对学生的认知水平和知识结构，为有效地提高课堂教学的时效性，应用了实验式探究和小组合作学、学案导学、直观教学等方法，建立以学生为主体，教师为主导的课堂。

对光合作用实验中产生淀粉、消耗二氧化碳、场所在叶绿体三个实验进行整合（此装置作为演示实验用效果更加）。简化装置，便于操作。本节课根据此实验装置设计的巩固练习，三因素结合，有利于学生对光合作用形成连贯统一的认识，加强学生实验推理过程的逻辑思维训练。在巩固练习阶段，引入光合作用概念图，评测学生对光合作用以及相关知识的掌握。通过教师的启发引导，学生像科学家一样观察、思考、实验，经历科学探究的过程，构建了一个系统、完整的光合作用知识体系。

新课程生物怎么教

第五主题 生物圈中的人

　　了解自我是生物科学向学生介绍的重要内容。在了解人类汲取营养、运输、代谢和排除废物，以及各种活动的调节过程基础上，理解人体的结构和功能相互适应的关系。自觉养成良好的生活习惯，学会合理饮食、锻炼身体健康生活，珍惜生命。可以结合我国的人口调查领悟人类的发展趋势，了解人对生物圈中的影响，领悟人类在自然中的责任，形成人与自然和谐的观点。这个主题包括：人的食物来源与环境，人体生命活动能量的供给，人体代谢废物的排出，人体通过神经系统和内分泌系统调节生命活动，人是生物圈中的一员这五个二级主题。

课例 10　食物的消化过程

（北京版《生物》七年级上册　第四章　第二节）

　　根据新课程标准，本节的内容要面向全体同学，从生活中出发设置问题情境，充分调动学生的学习积极性；体现探究、合作学习，教师引导学生主动学习，善于观察问题，勇于提出问题，组内合作分析和解决问题，小组间互相交流，达到全班同学共同攻克疑惑的目的；努力提高学生的科学素养，以知识为载体，渗透结构和功能相适应的科学观点，以"食物的消化"为线索，抓住学生的好奇心，让学生意识到为解决实际问题需要科学知识，从而产生学习的积极性、主动性，通过学习理论知识来解决生活中消化系统的实际问题。

　　基于新课程倡导的探究性学习的理念，引导学生进行主动的学习，充分发挥学生的主观能动性。培养学生的探究能力，在探索新知的过程中，积淀解决问题的技巧和经验；使学生在合作学习的过程中，学会交流表达，互助提升。设计恰当的学习活动以及创设问题情境，帮助学生把学到的知识与现实生活中较常见的现象联系起来，让学生感到学有所用。

一、学情分析

　　知识技能：学生对消化和吸收知识有一定的了解，但对人体是怎样消化和吸收的复杂生理过程缺乏系统了解。学生没有学习过化学知识，很难理解化学消化。教师通过联系学生的生活实际和实验探究过程体验化学消化，促进学生对所学知识的理解。

　　情感兴趣：初中一年级的学生正处于青春期，拥有健康的身体，才可能拥有快乐。他们热爱生活，关心自己的生理健康。

二、教学内容分析

　　本节教学任务在《生物课程标准》第五主题"生物圈中的人"，第一部分"人的食物来源于环境",具体内容标准:"概述食物的消化和营养物质的吸收过程"。活动建议:"探究发生在口腔内的化学消化"。"食物的消化过程"是北京版《生物》七年级上册第四章"生物的营养"第二节《人和动物的营养》中的重要内容,是本节的核心知识。

　　本节教学是在学生已经认识食物中的营养成分组成和作用,人体消化系统的组成、结构和功能以及什么是消化的基础上,进一步讨论食物消化的过程。在教材中通过探究"唾液的消化作用"促使学生再次练习科学探究的基本过程。这部分知识,与高中生物"人和动物体内三大营养物质的代谢"的内容联系紧密,是高中进一步学习营养物质代谢的基础。

三、教学目标

　　知识目标:概述食物的消化的过程。

　　能力目标:1. 通过解读图表和数据,练习数形转换在生物学上的应用。

　　　　　　　2. 通过实验探究的方法学习馒头(淀粉)在口腔中的化学消化。

　　情感态度价值观:1. 体验小组合作探究的乐趣;

　　　　　　　　　　2. 认同良好的饮食习惯有利于身体健康。

四、教学重点和难点

　　教学重点:食物的消化过程。

　　教学难点:实验探究馒头(淀粉)在口腔中的化学消化。

五、教学方法和教具准备

　　教学方法:实验探究、小组合作。

　　教具准备:多媒体课件、相关实验用具。

六、教学过程

教学阶段	教师行为	学生行为	设计意图
导入	讲述:当一名因饥饿晕倒的病人被送往医院,如果你是医生,你能根据所学的	听故事,引发思考回答问题。	情境引入激发学生

新课程生物怎么教

教学阶段	教师行为	学生行为	设计意图
导入	食物营养的知识，为他采取什么治疗措施？是提供一个面包让他吃，还是给他输入葡萄糖溶液？		
新课	设问：食物消化是怎样的过程？ 不同营养物质在消化系统哪些部位如何被消化？ 讲述：通过实验探究，学习食物的消化过程。	思考与质疑。 明确学习内容。	学习兴趣。
探究食物在口腔中的变化	实验探究：（详见附件：学案） 任务：通过思考并结合自己的体验，回答口腔内与消化有关的结构及其主要作用。 提问：反复咀嚼馒头，你品尝到了什么味道？你能解释反复咀嚼馒头后能够品尝到甜甜的味道这一现象吗？ 向学生提供实验设计背景资料，指导学生设计实验。在学生进行实验时巡回指导、答疑；并对学生的实验情况进行及时的评价。 讲述：物理消化和化学消化。 物理性消化：食物经过口腔的咀嚼，牙齿的磨碎，舌的搅拌、吞咽，胃肠肌肉的活动，将大块的食物变成碎小的，使消化液充分与食物混合，并推动食团或食糜下移，从口腔推移到肛门，这种消化过程叫机械性消化，或物理性消化。 化学性消化：化学性消化是指消化腺分泌的消化液对食物进行化学分解。由消化腺所分泌的各种消化液，将复杂的各种营养物质分解为肠壁可以吸收的简单的化合物，然后这些分解后的营养物质被吸收进入体内，进入血液和淋巴液。这种消化过程叫化学性消化。 指出口腔中淀粉的化学消化过程：在唾液淀粉酶的作用下，部分淀粉被初步消化成麦芽糖。	回忆消化系统组成所学知识，回答问题。 说出感受，通过提问引导学生提出问题做出假设进行探究。 根据提示，制定自己的实验设计；交流实验计划，进行实验；小组间交流实验现象，分析，实验现象得出实验结论。 结合实验现象思考理解概念。	小组合作，设计完成实验。

教学阶段	教师行为	学生行为	设计意图
胃和小肠内的消化	提问：食物进入胃内，淀粉是否还能继续消化？胃中有哪些消化液，可以对哪些营养成分进行消化？ 讲述：营养物质在胃中的消化。 蛋白质的化学消化是从胃里开始的。食团进入胃后，胃的肌肉收缩、蠕动，一方面揉碎食物，另一方面使食物与胃蛋白酶结合，在胃酸制造出的酸性条件下，胃蛋白酶活动，将食物中的蛋白质进行初步消化。		设置疑问，观察演示实验，分析胃和小肠内的消化。
小结	思维拓展：胃是由蛋白质组成的，为什么胃液中的盐酸（胃酸）和胃蛋白酶，不会消化胃壁本身呢？ 讲述：食物的消化最终在小肠完成。小肠里的胰液和小肠液中含有能消化蛋白质、脂肪和淀粉的多种消化酶，在这些酶的作用下，进入小肠的蛋白质和淀粉被进一步分解成氨基酸和葡萄糖。 胆汁把脂肪变成微小的颗粒，这就是胆汁的乳化作用。脂肪在酶的作用下分解成甘油和脂肪酸。 演示：胆汁的乳化作用实验 问题：观察到什么实验现象？ 胆汁对脂肪的消化有什么作用吗？ 讲述：消化系统是由消化道和消化腺组成的。食物在消化道内经过消化，最终分解为葡萄糖、氨基酸等能够被人体吸收的营养物质。 展示：食物消化的全过程。	观察、思考问题 观察胆汁把脂肪变成微小的颗粒 思考：微小的颗粒有利于增加脂肪与消化酶的接触面积，有利于其消化。 归纳总结三种有机物的化学性消化过程。	

第五主题　生物圈中的人

教学阶段	教师行为	学生行为	设计意图
结束	组织学生据图分析：食物中三大有机物在消化道内进行化学消化的曲线，回答问题。 含量 A B C 口腔 食道 胃 小肠 大肠 提问：同学们在学校吃午饭时，经常会出现，边吃边交谈、吃饭时狼吞虎咽、饭后马上做剧烈运动的现象，请你用所学知识分析这些行为是否有利于食物的消化？会产生哪些问题，如何解决？	根据所学知识读图分析，回答问题，加深对食物消化过程的记忆。 反思自己的饮食习惯，结合所学知识，提出解决问题的方法。	巩固练习，训练学生分析图表数据能力，应用所学知识解决生活实际问题。

七、板书设计

食物的消化过程：包括物理性消化和化学性消化

1. 淀粉的消化：（口腔、小肠）

淀粉—（酶）→麦芽糖—（酶）→葡萄糖

2. 蛋白质的消化：（胃、小肠）

蛋白质—（酶）→氨基酸

3. 脂肪的消化：（小肠）

脂肪——（胆汁）→脂肪微粒——（酶）→甘油＋脂肪酸

八、课后反思

本节课通过学生根据已有的生活经验、生物知识和现有的实验材料进行设计实验，完成实验和得出结论，使学生在自己探究的过程中认识和理解生物知识，从而培养学生的兴趣和求知欲，并培养学生的分析问题、解决问题的能力。

唾液淀粉酶对淀粉的消化作用，是初中生物课中一个重要而且经典的实验，此实验影响学生对"人体的化学消化"、"酶的作用"和"人体内的物质变化"等知识的认识与理解。由于个体差异，唾液淀粉酶的作用效果也不同。有条件的学校，可以购买现成的淀粉酶，加强实验效果。

第五主题　生物圈中的人

课例 11   均衡膳食（网络资源教学）

(北京版《生物学》七年级上册   第四章   第二节)

本节课的主要任务是帮助学生学会有关合理膳食的知识，以及了解一些关于饮食的小常识，目的是使学生能够将这些知识应用于生活之中，从而提高自己及家人的生活品质。本节内容的知识难度不大，但知识面可延展性强，因此基于上述情况，本节课的教学设计侧重在实践，让学生在动手的过程中，发现问题、解决问题，同时能够学会在大量信息中寻求、获取自己所需的资料。在师生互动，共同分析、讨论、总结的过程中，让学生自己领悟新知识。通过解决实际问题调动学生积极思维，同时训练学生的团结协作能力，激发学生的积极性、主动性和创新性。

一、学情分析

知识技能：学生已经学习了食物营养成分的作用，再来了解青少年发育的需求和各种食物的营养成分；据此，作为改变学生中存在的挑食、偏食、暴饮暴食等不良饮食习惯的知识基础。

根据学生乐于动手操作、乐于尝试新事物的特点。使用计算机和营养计算器，在认识均衡膳食重要性的基础上设计一份营养合理的食谱；依此，促进学生纠正挑食偏食、暴饮暴食的习惯。

情感兴趣：初一年级学生对要身体健康该吃些什么，吃多少，这样的问题非常感兴趣；以小组为单位为家庭成员设计食谱自然是学生乐于接受的任务。

二、教学内容分析

本节教学任务在《生物课程标准》第五主题，"生物圈中的人"第一部分 "人的食物来源于环境"，具体内容标准 "设计一份合理的食谱"。在北京市义务教育课程改革实验教材《生物》中的第四章"生物的营养"第二节中的"均衡膳食"。

教材内容：不同的人所需热能和营养、几种食物的热能和营养、均衡膳食各种食物构成比例等。设计均衡膳食的食谱——学生能够将上述知识应用于生活之中。

本节内容涉及知识面宽，知识的延展性强。因此，本节课的教学侧重在实践，让学生在完成任务的过程中，发现问题、解决问题；解决问题的基本途径是在收集的相关信息中寻求、获取自己所需的资料。

三、教学目标

知识目标：学生能够举例说出合理膳食的实例，并设计一份均衡膳食食谱。

能力目标：通过收集、整理和获取相关信息，培养信息的搜集、分析、整理和应用能力。

情感态度价值观：认同均衡膳食有利于身体健康，应该改掉挑食、偏食和暴饮暴食的不良饮食习惯。

四、教学重点和难点

教学重点：设计一份营养合理的食谱。
教学难点：设计一份营养合理的食谱。

五、教学方法和教具准备

教学方法：利用网络资源的自主性学习。
教具准备：
主题资源网站、营养成分计算器插件。
本网站中分为三大部分：
1. 食物中的营养成分。
2. 什么才是合理膳食。
3. 生活中的小常识

为了让学生能直接从生活中发现问题，在网站的首页上设计了一个快餐店里点餐的小活动，使学生能够通过点餐、提交，比较直观地发现快餐存在的问题。

　　在"食物中的营养"中以文字、图片和影片等形式介绍各种营养成分的功能。

　　"什么才能合理膳食"向学生介绍了合理的饮食搭配方法，并提供了大量数据以供学生查阅。最后还为学生提供了实践交流的平台——"提交报告"。学生可以将自己设计的报告展示出来，共同交流，形成自主学习，个性化学习、合作学习。

　　在"生活中的小常识"中为学生提供了大量"生活误区"、"饮食安全"和"青少年成长常识"等的小文章，供学生丰富拓展知识。

六、教学过程

教学阶段	教师行为	学生行为	设计意图
导入	提问：哪位同学愿意向大家介绍自己最喜欢的食品？ 调查：多少人喜欢吃麦当劳。	学生介绍自己喜欢的食物。 学生呼应。	由生活实际中发现问题，引起学生的兴趣，从而引出合理膳食的内容。
新课	演示网站：麦当劳点餐网页 指导学生进入网站：模拟麦当劳点餐。 设问：这一餐，给你提供了哪些营养物质和能量呢？下面我们根据给出的数据计算一下。 指导学生分析计算机给出的计算结果。 提问：你所选的麦当劳午餐与你一顿午餐所需要的营养成分有什么差异？存在什么问题？ 设问：究竟什么样的食物搭配才是我们身体真正需要的呢？	学生进入网站操作提交点餐结果。 学生通过网站计算和分析自己点餐的数据。 阅读网站中的文章，《常吃洋快餐，害处多多》。	

教学阶段	教师行为	学生行为	设计意图
进入网站	讲述：向学生简单介绍网站的结构，分为"食物中的营养"、"什么才是合理膳食"和"生活中的小常识"三部分。	了解网站内容。	在完成任务的过程中，学习相关知识；发现问题、解决问题；收集和整理信息。
自主学习	指导学生按照《今天我是小小营养师》页面上的要求完成设计报告，为家庭中的一名成员设计科学合理的食谱。第一步：确定人群第二步：查阅资料建议：参考"特定人群膳食指南"，如他所处的年龄段在饮食上有特殊需求或他对口味有特殊的偏好等。第三步：明确分工第四步：实际操作	第一步：一分钟内确定本小组为家庭的哪位成员设计午餐食谱；第二步：针对确定人选的实际需要，查阅相关的资料，用时不超过5分钟；第三步：分工一人填写报告，一人查阅资料，一人计算数据，一人协调。	
设计食谱	根据所查阅的资料为本小组的家庭成员设计科学合理的食谱；营养计算器可以帮助学生计算食物的营养成分。	第四步：设计食谱，用营养计算器计算出结果，填写营养报告。（参见附录）	
交流	第五步：会报交流	第五步：各小组委派一名成员向全体同学汇报本组的设计报告。	

第五主题 生物圈中的人

新课程生物怎么教

续表

教学阶段	教师行为	学生行为	设计意图
小结	提问：经过大家的设计交流最终谁能告诉我们怎样的膳食习惯才是合理的，均衡的膳食？ 在这堂课中你有什么收获？	学生思考回答。通过页面"均衡膳食"小结概念。	反思和发现自己的不良饮食习惯。
结束	讲述：在这节课上同学们通过网络获取了自己所需要的营养学知识，经过自己的分析、思考和小组同学的交流设计出了利于我们健康生长的食谱。 对学生设计的食谱进行点评。 希望大家能够将今天所学到的知识应用到自己的生活中改掉自身存在的不良饮食习惯，促进身体健康的成长。		课堂点评，知识小结。

七、板书设计

合理膳食

什么才是合理的膳食？

能量的摄入量平衡；各种营养素的摄入量平衡。

八、课后反思

有些老师喜欢学生个性化的学习，每个人都可以有自己的想法。有的老师可能会觉得课堂上应该让学生为自己设计食谱，一是便于教师评价，二是学生操作方便。而有些老师不希望学生把目光都固着在某一个点上，而是喜欢开动他们的脑筋。在本节课设计食谱的环节中，教师一改"为自己设计食谱"的旧套路，让学生以小组为单位为家庭成员设计食谱。学生不仅要关注自己的饮食健康，还应该关注家人的健康。

可能有的时候孩子们提出的问题是教师始料未及的，可从他们的思维里，也使老师获得了更多的灵感，这就是我们常说的教学相长。这一代独生子女以自我为中心的意识很强，应该让他们知道怎么关心周围人。在课堂上，老师希望让学生不仅仅学习科学知识，还希望学生学会怎么去关心周围的人，周围的事，周围的环境，以及我们的国家。

第五主题　生物圈中的人

课例 12　关注合理营养与食品安全

（人教版《生物学》七年级下册　第四单元　第二章　第三节）

在新《生物课程标准》中明确指出："教师应积极开发和利用各种课程资源，改变仅仅依靠教科书开展生物教学的传统做法。""学生的生活经验是无形的课程资源。教师在教学过程中应该充分利用这些无形资源，通过相互交流，激发学习兴趣，提高教学质量。"教师在教学过程中，可以合理地对教材进行扩展，而不是拘泥于教材。

一、学情分析

知识技能：通过七年级第一学期的学习，学生对学习生物已经有了一定的基础，已经掌握了一些学习方法和技能。本节课学生通过收集、处理信息，讨论和交流完成对问题的分析。

情感兴趣：近期媒体曝光了几件重大的食品安全问题，在现实生活中食品安全问题也日益突出，它们都无疑对人民生命健康和安全造成了严重的影响。这势必也引起了学生对于食品安全的关注，关注自身利益、权益和自身的健康。

二、教学内容分析

本节教学内容为《生物课程标准》第五主题"生物圈中的人"，第一部分"人的食物来源于环境"中部分内容；具体内容标准是："关注食品安全"。《食品安全》是人教版《生物学》第四单元"生物圈中的人"，第二章"人体的营养"，第三节"关注合理营养与食品安全"的一个小分支。教材只是讲到了日常生活中每天遇到的食品安全问题：卫生检疫、预防食物中毒、食品污染等。但内容简单，与现实生活实际结合不够紧密。近几年来，食品安全已经成为一个社会性问题，它不仅关系到每一个人、每一个家庭，还关系到整个国家、民族的未来和命运。随着社会经济的发展和人民生活水平的不断提高，在解决了温饱后人们对自身健康的关注度大大提升，对食品安全方面的关注度在不断提高。因此，在这里将这一部分的内容专门拿出来作为一节课的内容进行讲述、讨论和活动，以提高学生对此内容的关注。

三、教学目标

知识与技能：1. 关注食品安全方面的知识。

2. 识别日常生活中食物中毒的几种类型和预防方法。

3. 列举日常生活中如何做到食品安全。

4. 列出中小学生日常生活中饮食要做到的八点。

过程与方法：通过对报纸上的有关信息进行收集整理，当堂做出一份食品安全的墙报。

情感态度价值观：

1. 通过真实的事例激发学生对食品安全的关注；

2. 通过活动的开展让学生体验在积极参与和主动学习的活动中学习知识、发展能力、培养关注社会和健康生活的情感。

3. 关注食品安全问题认同环境保护与食品安全之间的统一性，加强环保意识。

四、教学重点和难点

教学重点：食品安全的重要性、日常生活中如何注意食品安全。

教学难点：对垃圾食品建立正确的认识。

五、教学方法和教具准备

教学方法：讲授、讨论、用报纸中的相关信息作墙报。

教具准备：大白纸、彩笔、胶水、剪刀、近期报纸等。

第五主题　生物圈中的人

六、教学过程

教学阶段	教师行为	学生行为	设计意图
导入			
	讲述：有一个同学，家长不让她吃麦当劳等快餐食品。一次期末考试她考了年级第一名，家长要进行奖励，她要的是吃一次快餐。爸爸说那是垃圾食品，她说道："爸爸，你就让我当一次苍蝇吧。"为什么说洋快餐是垃圾食品呢？		通过生活现象引出新问题。
	讲解：洋快餐与"三高"的关系。汉堡包造就了美国严重超重、超肥的一代，美国政府试图将国民脂肪摄入量从40%降至30%，却非常困难。而目前，洋快餐正在向我国青少年大举进攻。部分青少年偏食洋快餐，那只是摄入了高脂肪、高糖、高热量，而膳食纤维和维生素极少。一旦形成饮食习惯，将影响一代甚至几代人的身体素质。	针对这个段子思考在日常生活中是否存在这样的问题。	教会学生从事物繁杂的表面现象后找出事物的内在规律。
	洋快餐对身体的影响只是冰川一角，在我们身边存在的安全隐患还有很多，我们一起来分析一下。		
	提问：网上流传一个段子：早晨起床用致癌牙膏刷完牙，喝一杯过了期的碘超标还被三聚氰胺污染了的牛奶，吃根柴油炸的洗衣粉油条，外加一个苏丹红咸蛋……中午用地沟油炒盘避孕药喂的黄		通过真实的事例加深学生对食品安全隐患的防

教学阶段	教师行为	学生行为	设计意图
	鳝，再加一盘敌敌畏喷过的白菜，喝上两杯甲醇白酒，再整两瓶甲醛啤酒漱口，下午的班没上成，一觉醒来饿得慌，赶紧来份苏丹红鸡翅……		范，加深对食品安全的关注，特别是预防食物中毒方面的生活常识。
新课 一、食品安全隐患	讲述：食品安全问题是每天都能遇到的一个问题，我们是采取回避的态度，认为"不干净，吃了没病"的态度，还是草木皆兵，对所有的食品都抱着"怀疑一切，天天心神不安"的态度，是一个问题。只有了解在食品安全上我们面临的问题，才能对此采取正确的态度。 讲解：上面的小段子中，所讲的现象可以分成哪几类呢？ 详细讲解食物安全要注意的几个方面： 1. 预防食物中毒 有毒的植物举例：发芽的土豆（龙葵素）；河豚鱼等。应对方法：有毒的动、植物不能吃，土豆如发芽一定要将芽眼部位和发青的部分切除，如果吃土豆或土豆制品发现口感觉有发麻的现象一定要停止食用。四季豆要烹熟食用，以防中毒。 有毒的动物如河豚："遍地蒌蒿芦芽短，正是河豚欲上时。"在我国的近邻日本，也有一种食文化——拼死吃河豚。 河豚是一种含有剧毒的鱼，其含有的河豚毒素在卵、卵巢、皮、肝等部位较多，	思考对待食品安全问题应该采取的态度。 学生思考。 讨论：你会拼死吃河豚吗？	

97

新课程生物怎么教

续表

教学阶段	教师行为	学生行为	设计意图
新课 一、食品安全隐患	毒素作用于神经末梢和神经中枢，能引起食用者中毒死亡。但因河豚的肉味道极其鲜美，所以自古至今有很多人去拼死吃河豚。 几乎所有种类的河豚都含河豚毒素（TTX），它是一种神经毒素，人食入豚毒 0.5mg～3mg 就能致死，毒素耐热，100℃8 小时都不被破坏，120℃1 小时才能破坏，盐腌、日晒亦均不能破坏毒素。毒素主要存在于河豚的性腺、肝脏、脾脏、眼睛、皮肤、血液等部位，卵巢和肝脏有剧毒，其次为肾脏、血液、眼睛、鳃和皮肤，精巢和肉多为弱毒或无毒。在熟制河豚时，一定要严格细心地除去河豚的内脏、眼睛，剔去鱼鳃，剥去鱼皮，去净筋血，用清水反复洗净。河豚鱼肉质特别细嫩，味美，营养丰富。 真菌中毒。夏季一到雨过天晴，山上就会长出许多野生的蘑菇。有人认为野生蘑菇味道鲜美，前年有几个居民雨后采蘑菇煮汤，结果造成四人食物中毒，经过急救和肾透析后才脱离危险。以上三种是食物本身具有毒性（河豚不是本身有毒），我们只要对其有一定的认识，在现实生活中这样的食物中毒是完全可以避免的。但有些人为因素的食物中毒就不那么容易防范了。		

教学阶段	教师行为	学生行为	设计意图
	引出话题：人类哪些活动会影响到食品的安全？	思考	在这里要有意识地将学生的思维引向生活实际，引向人类活动对食品安全的影响远远大于食品自身的影响。
	2. 食品污染 讲解：金浩茶油事件：苯并芘是一类严重致癌物质。在某些受潮霉变的食物上，能生长一种叫黄曲霉的真菌，产生的黄曲霉素，致癌力比苯并芘高 4000 千倍。农药的大量使用，让我们的食品安全蒙上厚厚的阴影。 海南毒豇豆事件。 介绍反季节蔬菜：反季节的白菜快要成熟时，特别爱从心里往外烂，并且传染，几天不及时打药，周边的菜越烂越多，这样就得一个星期打两次药。从种到收两个多月的时间里，最少一个星期打一次药，两个月下来最少也得打十几次农药。（声音：菜农的介绍） "打的药有的非常毒，按说明书打药时得戴上手套、口罩，早、晚时间打才能保证打药人的安全。有一回，我媳妇打药就中毒了，幸亏发现得早。" 夏季经常会有报道食物中毒事件，有的是叶菜未浸泡，里面的农药残留超标，有的是熟食腐烂变质，造成细菌性痢疾等。 3. 滥用食品添加剂 讲解：随着社会城市化的发展，人们已经不再是那种自给自足的田园生活。许多粮食、蔬菜、果品和肉类，都是经过	发霉的花生、瓜子不能吃。如吃到的花生、瓜子有发苦的迹象，一定不能再继续食用。 学生讲述身边的事例食品安全问题。 有的学生提到街头奶茶的安全隐患，有的学生提到烧烤，有的学生提到冷饮、饮料，有的学生提到街头小贩提供的食品等。 请学生随意拿出一个食品包装，看看上面的成分说明。	让学生明白，科学的发展可能是双刃剑，控制的好，是为人类造福，控制不好，可能成为危害人类自身生存的隐患。

第五主题　生物圈中的人

新课程生物怎么教

教学阶段	教师行为	学生行为	设计意图
	多次加工，才送到人们面前。在这些食品的加工过程中，人们常常向其中投放各种添加剂，如防腐剂、杀菌剂、漂白剂、抗氧化剂、甜味剂、着色剂、调味剂等。 举例：三聚氰胺奶粉、瘦肉精猪肉…… （三聚氰胺、瘦肉精均不是食品添加剂，是某些人为了追求非法利润非法的加入到食品或饲料中；如奶中的蛋白质含量是通过检测其含氮量反映奶的蛋白质含量，加入三聚氰胺能提高原奶的含氮量，在猪饲料中加入瘦肉精能够提高猪的瘦肉率。） "我在家养了几头猪，想让它们快点长大卖钱，就按一定比例往玉米面、糠里掺加饲料。从猪小的时候就开始喂，时间长了猪吃惯那个口味，不加饲料根本就不爱吃。过去养猪最少得一年才能出栏，现在养猪一般四个月就可以卖。为什么长那么快？都是化学饲料催大的。" "原来，小鸡正常地长成大鸡要一年的时间，现在四五十天就出栏了，长得这么快，难保不会出问题。"（农民的声音）	思考：食品添加剂是不是越多越好？	
	总结：面粉中有增白剂，奶粉中有三聚氰胺、鸡蛋中有苏丹红、海鲜中有福尔马林、外出吃饭可能遇上地沟油…… 我们还有什么可以吃？		

教学阶段	教师行为	学生行为	设计意图
二、日常生活中如何做到食品安全	讲解：为了保证家庭的食品安全，提倡食品安全健康自助法，即要做到净、透、分、消、密这五个字。 净：蔬菜浸泡30分钟左右。瓜果削皮食用。 透：食物的回热一定要到火候，不能盲目追求鲜、嫩。 分：做菜时一定要生熟分开。 消：餐具经常用开水消毒。 密：密闭存放。	请学生回忆日常生活中家长的一些作法，思考其中的道理。	跟日常生活实际结合，教给学生基本的生活技能和实用的生活须知，对其今后的生活一定会有帮助。
三、中小学生日常饮食八大注意	三、中小学生日常饮食八大注意 1. 最好的饮料是白开水。 2. 养成良好的卫生习惯，饭前便后要洗手。 3. 生吃瓜果蔬菜要洗净。 4. 选择包装食品时，要注意保质期和生产日期。 5. 少吃剩饭或剩饭一定要彻底回热？ 6. 不吃没有卫生保证的生食。 7. 不吃街头贩卖的，没有卫生许可的食品。 8. 尽量少吃油炸、烟熏和烧烤食品。		
学生活动	每组学生分发一张大白纸，近期报纸若干张，彩笔一盒、胶水一瓶、剪刀几把。	请学生将近期报纸上关于食品安全有关的内容找到，用剪刀剪下，在大白纸上进行设计粘贴，做成一份有关食品安全的宣传墙报，在教室中张贴宣传。	

第五主题　生物圈中的人

续表

教学阶段	教师行为	学生行为	设计意图
布置课外练习	思考：用泔水喂养家禽、家畜行吗？为什么？ 你身边还有哪些食品安全的隐患，请找出并与同学交流。		巩固练习。

新课程生物怎么教

七、板书设计

第三节：食品安全

一、预防食物中毒

二、日常生活中如何做到食品安全

三、中小学生日常饮食八大注意

八、课后反思

本节课以大量翔实的资料，以讲座和讨论的方式，与学生一起探讨食品安全方面的一系列问题，通过学生分组讨论、老师讲解，各组当堂制作食品安全剪报的形式，认真而细致地分析了相关问题；最后通过大量的事实，运用所学知识和了解的信息，对食品安全加深了认识，并从中了解了作为一名中学生应该在今后一生的生活中如何做到防范食物中毒，如何有效地减少人类活动对食品安全的影响。既实现了知识目标又培养了学习能力，特别是学生收集信息和处理信息的能力，引导学生从"两耳不闻窗外事，一心只读圣贤书"的死读书现状转而关注社会、关注人类自身的发展和面临的"经济发展与道德建设"困境、如何有效的构建"和谐社会"，同时使学生体会到学以致用的快乐，并从中得到受益终生的生活经验。

课例13   神经调节的基本方式

（北京版《生物》七年级下册   第九章   第一节）

本节课讲授的主要内容"神经调节的基本方式——反射弧"是北京版《生物》七年级下第九章"生命活动的调节"中非常重要的知识点。在学习过人体的各种系统，如：消化系统、呼吸系统、循环系统等之后，随之而来的内容就是对这些机能的控制。而神经调节的控制是建立在反射弧的基础之上，因此本节课的内容在本册书中都有着十分重要的地位。但是，反射弧的知识抽象不易理解，名词概念多不易记忆，为学生的学习带来了很大的困难。如何将不可见的反射弧以易懂的方式呈现给学生，成为本节课的关键。在本节课中，一个小小的教具——刺激盒帮助学生理解学习这一概念。

一、学情分析

知识技能：学生已经学习了神经调节的结构基础——神经元和神经系统，知道了神经元的结构和功能，中枢神经系统和周围神经系统的组成和功能。

条件反射和非条件反射学生虽然并不清楚其含义但却是经常听到和使用的名词。

情感兴趣：生命活动是怎样调节的，大脑如何支配我们行为等是每个学生都十分感兴趣的问题。

二、教学内容分析

本节课的教学内容是《生物课程标准》第五主题"生物圈中的人"的第四部分"人体通过神经系统和内分泌系统调节生命活动"；《课标》的具体内容标准是："概述人体神经调节的基本方式"。北京版教材的安排是：第九章"生命活动的调节"，第一节"神经调节的基本方式"；在它的前面

第五主题   生物圈中的人

103

教材内容是：神经调节的结构基础——神经元，中枢神经系统和周围神经系统的组成和功能，本节课要学习反射、反射弧、条件反射和非条件反射，这部分既是认识生命活动调节的基础知识，也是后续学习理解动物的行为以及高中阶段生物学习必备的基础知识。

三、教学目标

知识目标：1. 概述反射是人体神经调节的基本方式。

2. 描述反射弧的结构。

3. 能够举例说出非条件反射和条件反射。

能力目标：尝试进行膝跳反射实验。

情感态度价值观：通过反射和反射弧的知识，认同生物学形态结构与功能的统一的观点。

四、教学重点和难点

教学重点：反射和反射弧的概念。

教学难点：反射和反射弧的概念。

五、教学方法和教具准备

教学方法：实验法、讨论法、合作学习。

教具准备：刺激盒，膝跳反射的视频及模式图，超人演员克里斯托夫·里夫照片，狗条件反射建立图片和教室白板等。

六、教学过程

教学阶段	教师行为	学生行为	设计意图
导入	讲述：请一位同学上来与老师一起做一个实验，请同学们注意实验的过程和现象。	参与实验的同学闭上眼睛，伸开手臂。教师拿出一个课前准备好的"刺激盒"，盒	创设的情景引起兴趣。

教学阶段	教师行为	学生行为	设计意图
新课 （一）反射与反射弧 1. 反射的概念	提问：同学们看到了什么现象？ 请进行实验的同学描述一下发生了什么？ 当有东西突然迎面飞来时你会做出何种反应？ 追问：上述这些反应是不是每次刺激都这样有规律，如果你闭着眼睛有东西迎面飞来有反应吗？睁眼与闭眼有什么区别（通过神经系统）？ 手碰到尖刺要缩回了，看到东西朝自己飞来要躲闪，不这样行不行（调节以适应环境的变化）？ 讲述：这种人或动物通过神经系统对内外环境刺激发生的有规律的反应，我们称为反射。反射是我们的神经系统对身体进行调节的基本方式。 形态结构决定功能；学习神经系统完成反射的结构，反射的基本过程和反射的类型。	子的一个面上有露出的图钉尖。当学生的手指碰到图钉尖时，会立即缩回手臂睁开双眼；看是什么在刺他。 回答： 思考并回答 都这样 闭眼看不到 不躲该受伤了。	通过对学生司空见惯的现象的分析引发学生的思考，促进形成良好的思维习惯。 促进学生对概念的理解。 明确学习任务
2. 反射弧的组成和生理功能	任务驱动：回忆刚才那位同学遇到图钉尖缩手的过程，参照教材P83 图9–9反射弧的组成示意图，各组讨论一下这个缩手过程有哪些结构参与并尝试着画出它的反射弧。 播放：膝跳反射的录像 实验：膝跳反射实验，体会反射过程。	思考： 阅读、讨论画图和标注反射弧的各部分名称。	任务驱动的方式学习反射弧的组成。

神经中枢

传入神经纤维 → 传出神经纤维

感受器　　　　效应器

第五主题　生物圈中的人

105

新课程生物怎么教

教学阶段	教师行为	学生行为	设计意图
	提问：根据我们刚刚学习的反射弧的组成结构，请你说说膝跳反射是怎样实现的？有哪些结构参与其中？ 演示：膝跳反射模式图 讲述：（1）首先股四头肌的肌腱内感受到刺激——感受器。 （2）将这种兴奋传给中枢神经的神经元——传入神经。 （3）脊髓联系传入神经和传出神经并做出反应——神经中枢。 （4）将反应信号传出的神经元——传出神经。 （5）股四头肌做出反应——效应器。 这五部分组成了一个完整的反射弧。它是我们人和大部分动物体接受刺激，到做出反应反射的结构基础。 出示：超人演员克里斯托夫·里夫照片。 提问：1995 年 5 月，主演"超人"的美国著名电影演员克里斯托夫·里夫一次赛马活动中不幸严重受伤，撞碎了第一颈椎、第二颈椎。造成克里自颈部以下高位截瘫，手脚丧失知觉和运动能力。在接受了几个月的治疗后，他开始能依靠呼吸机进行呼吸。你认为在他的反射弧中哪部分结构受到了损伤？ 总结：由此我们可以看出，要想实现反射过程反射弧必须是完整的。	请同学两人一组，一个同学作为被测者闭目坐在椅子上，让一条腿压在另一条腿上，全身放松。另一位同学则用手掌边缘叩击检测者上面那条腿的膝盖下方韧带，观察该条小腿发生的反应，之后互换，再次进行起跳反射实验。 思考，陈述： 分析思考，并回答。 中枢神经系统中的脊髓	体验简体的非条件反射过程。 反射弧知识的模仿式应用。 通过案例进一步理解反射弧的组成和生理功能的关系。

教学阶段	教师行为	学生行为	设计意图
（二）反射类型 1. 非条件反射 2. 条件反射	请每个小组在白板上列举出 2～3 个平时生活中的反射现象。 讲述：我们再做一个与刚上课时做的用图钉尖扎手差不多的实验，请同学注意观察实验现象。 实验：学生（与前实验为同一人）睁着眼睛伸直手臂，教师用盒子有图钉尖的一面迅速的接近学生的手。 图钉尖扎到你的手了吗？ 还没有扎到你的手，你缩手干什么？ 扎上就晚了！ 讲述：刚上课时是手被刺着了手立刻缩回——反射；现在是有上次被刺的经验，有被刺的可能我就躲——反射 提问：这二次反射有什么区别？ 讲述：先天就有的反射，后天经验的基础上才会的反射。 先天就有的反射——非条件反射。 提问：膝跳反射和缩手反射是否属于非条件反射？此外，白板上同学们写的反射哪些也是属于非条件反射？ 讲述：在后天经验的基础上形成的反射——条件反射。 提问：青杏、大青杏！你现在口中的唾液量与听到青杏前相同吗？这个变化是否属于条件反射？说明理由。 请同学们指出白板上的条件反射。 讲述：条件反射与非条件反射不同，它是生来就有的非条件反射的基础上结合后天的经验逐渐形成的	讨论；书写。 参与实验、观察。 参与实验同学手迅速缩回。 没有 万一扎着呢？ 思考： 前一次没有不知道，后一次有了前一次的经验教训。 讨论并指出白板上的非条件反射。 讲述：吃过青杏，青杏酸，所以有听到青杏唾	为区别非条件反射和条件反射准备素材。 分析实验现象辨别非条件反射与条件反射。 非条件反射概念的练习。 条件反射概念的练习。

第五主题　生物圈中的人

新课程生物怎么教

教学阶段	教师行为	学生行为	设计意图
	完成条件反射的神经结构相对非条件反射要复杂得多。人的高级反射——语言和文字等。 展示：巴普洛夫条件反射实验图片 讨论与思考：同学们阅读教材 87 页，【阅读】思考在平时的学习中如何利用条件反射原理，注意哪一类知识学习记忆利用条件反射建立的原理更有效？	液分泌增多的反射。 交流： 讨论：思考建立条件反射有什么规律？ 思考、讨论、回答。	
小结	板书（略） 讲述：如何使我们的神经系统保持一个健康状态是下节课将要讨论的问题。		

七、板书设计

二、神经调节的基本方式

（一）反射与反射弧

反射——人或动物通过神经系统对内外环境刺激发生的有规律的反应。

反射——神经调节的基本方式。

反射弧：感受器——传入神经纤维——神经中枢——传出神经纤维——效应器

（二）反射的类型

非条件反射——先天就会的反射。

条件反射——建立在非条件反射的基础之上，后天学会的反射。

八、课后反思

本节课的设计主要是为了帮助学生形象地理解抽象的概念。反射弧看不见，摸不着，概念过于抽象，对于初中学生很难理解。而刺激盒的实验却帮助学生轻易地理解了反射弧、条件反射、非条件反射等概念。

刺激盒一面有露出的几个图钉的小尖。盒子可方可圆，盒体深色，远观不容易看出盒子里面是否有图钉，教师在使用中也应注意隐蔽，不要被学生看穿，因此在活动中学生很难辨别是否会被扎手。第一次使用时，是盒子有图钉尖的一面扎到了学生的手指，学生因为非条件反射而缩手；第二个学生因为见过第一个学生被扎手，上来之前就害怕被扎，但并不知道这次的刺激盒中并没有图钉，由于教师在其不防备的情况下迅速将盒子"扎"向他的手指，学生会迅速躲避——条件反射。学生对于"缩手的过程"会有自己的理解，用自己的方式表达出来，再在其中找到相应的反射弧各部分结构，使学生的理解记忆更有效。在教学中，一些自己制作的小教具有的时候很有效。

第六主题 动物的运动和行为

　　这个主题的内容比较分散。运动的结构和功能的内容在"生物体的结构层次"的知识内容中做了讲解，运动和行为与环境关系的内容在"生物与环境"的知识中有介绍，与其他生物的关系的内容在"生物多样性"的知识结合在一起，只有生长、发育与遗传部分相对独立，在"生物的生长、发育与遗传"知识中体现。在教学中教师可以根据课标要求，组织学生观察身边动物的运动和行为现象，培养学生的学习兴趣和观察能力。

课例 14 动物的运动

（人教版《生物学》八年级上册 第五单元 第二章 第一节）

　　在新的初中《生物课程标准》指出："动物运动和行为的知识对学生认识动物的本质特征非常重要。动物的运动依赖于一定的结构。动物行为是目前生物学研究中的一个十分活跃的领域。动物行为的知识与人类的生活和生产关系密切。教师应帮助学生在学习过程中理解结构和功能的统一性，并注意引导学生到周围环境中去观察动物的运动和行为，培养学生的观察能力和学习兴趣。"

　　动物的运动这一部分的内容，知识的重点在关节和骨骼肌的结构，以及在运动中，需要能量供应，需要消化、呼吸、循环系统的配合以及神经系统的协调。教师教学中要引导学生通过观察、制作、讨论等方法，将重点放在让学生通过自身动作的体验，体会到运动与动物的觅食、避敌等一系列适应环境的行为的关系，理解运动是动物各种行为表现的基础。同时本节内容也是后面学习动物行为的基础。因此，通过本节知识的学习，可以达到进一步培养学生关爱生命，追求健康生活方式的目的。

一、学情分析

　　知识技能：八年级学生对动物生理学方面的基础知识已经有了初步的了解，并且具有一定的逻辑思维能力。这个时期的学生正是身体发育的旺盛阶段，也是思维较活跃的时期，探索知识的积极性很高，学习和运用知识的欲望也很强，教师可以充分利用学生的这一心理生理特点，培养学生良好学习习惯和严谨的科学态度，从而形成良好的生物科学素养。

　　情感兴趣：各种动物的运动方式是不同的，但所有的动物运动是依赖于一定的结构；对动物是如何运动的，学生有着深厚的兴趣。

二、教学内容分析

本节教学内容为义务教育《生物课程标准》第六主题"动物的运动和行为",第一部分"动物的运动";具体内容标准:"说明动物的运动依赖于一定的结构";提供的活动建议:"观察某种脊椎动物的肌肉、骨骼、关节的基本结构"。在人教版《生物学》八年级上册,第五单元第二章"动物的运动和行为"的第一节内容。在运动中,需要能量供应,需要消化、呼吸、循环系统的配合以及神经系统的协调。学生在学习中可以体会到动物运动与动物的觅食、避敌等一系列适应环境的行为的关系,理解运动是动物各种行为表现的基础。学生通过学习运动系统组成的知识,揭示动物运动的本质,巩固和理解动物适应生存环境的重要意义。同时本节内容也是后面学习动物行为的基础。因此,通过本节知识的学习,可以达到进一步培养学生关爱生命,追求健康生活方式的目的。

三、教学目标

知识与技能:1. 描述动物运动的结构基础。

2. 概述结构和功能的统一性。

3. 概述运动对动物生存的意义。

过程与方法:学生通过实物观察、肢体语言与关节结构的巧妙对应等活动,并辅以多媒体教学,对运动系统组成及运动系统各部分结构在运动中的协作关系进行了解,培养学生分析、思维等综合能力,并在活动中培养学生的观察、合作、交流等方面的能力。

情感态度价值观:

1. 关注人与自然的和谐发展,树立严谨的生活态度,树立良好的社会责任感。

2. 通过活动的开展让学生体验探究的快乐;认同周密细致的观察和严谨的逻辑推理是人类认识世界的正确方法。

四、教学重点和难点

教学重点:运动系统的组成及相互关系,运动需要身体各系统的配合才能完成，运动对动物的生存有重大意义。

教学难点：运动是动物结构和功能的统一，运动是动物行为的具体表现。

五、教学方法和教具准备

教学方法：讲授、讨论、游戏。

教具准备：多媒体课件、解剖好的猪的新鲜关节每组一个、自制模型、条形木棍（一头钻孔）、橡皮筋、小铁钉1个、玩具车和细绳。

六、教学过程

教学阶段	教师行为	学生行为	设计意图
导入	教师组织教学。学生起立后，播放《健康歌》。 提问：为什么经常锻炼身体好？锻炼身体时，人体有哪些结构参与其中？ 播放：一组动物捕食、迁徙、求偶的视频材料。 提问：①这些动物在做什么？ ②它们为什么要这样做？（为了生存和繁殖） ③你根据什么来判断动物在取食？（如：虎奔跑，虎咬住鹿的颈部） ④所有动物的取食方式都一样吗？（不一样） ⑤简述动物捕食的过程。（动物捕食时需要观察、奔跑和扑咬等）	学生随歌声进行各种动作。 思考，作答。 观看、思考，作答	创设情境、激发兴趣。
	小结：同捕食有关的运动是动物的捕食行为；同理动物也有繁殖行为等，所以运动是动物行为的具体表现。动物的运动依赖于一定的身体结构。		

新课程生物怎么教

教学阶段	教师行为	学生行为	设计意图
新课 一、运动系统的组成 1. 骨 2. 关节	一、运动系统的组成 1. 骨的外形和作用 出示：家兔骨骼标本 对照家兔的骨骼图，观察家兔的骨骼标本，重点观察前肢骨和后肢骨，说一说它们是由哪些骨组成的。 出示：人体骨骼标本，请学生说出上肢骨和下肢骨的组成。 前（上）肢骨：肱骨、尺骨、桡骨、腕骨、掌骨、指骨 后（下）肢骨：股骨、胫骨、腓骨、跗骨、跖骨、趾骨 2. 关节的结构和功能 出示：解剖好的猪的关节，对照关节模式图 指导学生观察：关节的结构。 老师讲解：关节一定是相邻的两块骨或多块骨组成的。关节头与关节窝呈一定的包握关系。在关节头和关节窝的表面覆盖着一层薄而光滑的关节软骨，它有什么作用？ 在关节头和关节窝之间有一定的空隙，这是关节腔，它中间有一定的滑液，这个空隙和滑液又有什么作用？ 在关节的外面有许多肌腱和韧带，将两块相邻的骨紧紧连接在一起，它们有什么作用？ 组织学生讨论： 感悟关节的结构：请全体学生伸出双手，	观察，思考，作答 学生分小组边观察，边思考老师提出的问题，并讨论，得出关节的结构既牢固又灵活。	将学生的思维引向哺乳动物的骨骼的结构有相似之处，人体骨骼与家兔骨骼有相似之处，培养学生联想能力和知识迁移能力。

教学阶段	教师行为	学生行为	设计意图
	左手掌张开，略微向上包拢，右手握拳，放置在左手掌中，中间留有一定的空隙，注意右手的拳头在左手掌的范围内作一定的动作。 如果左手掌将右手拳头紧紧握住，让学生体会此时运动的难易，体会关节腔的作用。 设疑：人体有哪些关节？ 体会：从上到下带领学生边运动边说出相应关节的名称 上肢：肩关节（人体活动范围最大的关节）；肘关节、腕关节、指关节。 下肢：髋关节、膝关节、踝关节、趾关节等。 设疑：我们在运动中应注意哪些？ 让学生右手拳头的动作过大，从左手掌中滑脱出来，说明脱臼的产生。 演示：一根木条不能弯曲，两根木条连接后可以弯曲，连接处相当于关节，说明关节就是骨连接的方式。 3. 骨骼肌的结构和功能 观察：肌肉与骨和关节的关系图，注意看一组肌肉的两端是附着在一块骨上，还是附着在不同的骨上，这对于运动有什么意义？ 设疑：运动中牵拉骨完成运动的结构是什么？ 出示：骨骼肌结构的动画。 多媒体课件演示骨骼肌的结构，观察肌	学生跟随老师一起用手掌做动作，体会关节运动时的既牢固又灵活的特点。 结合实际生活，讨论、总结在运动过程中自我保护的知识。 学生中多有脱臼的经历，与现实生活紧密相连，利于学生理解与记忆。	

第六主题　动物的运动和行为

教学阶段	教师行为	学生行为	设计意图
	腱绕过关节连在不同骨上的特征。 多媒体课件提供骨骼肌受刺激收缩的视频，说明骨骼肌有受刺激产生收缩的特性。 用木棍和细绳演示，说明骨骼肌附于不同骨的特点。 用玩具汽车和细绳演示，说明骨骼肌只能牵拉骨而不能推开骨，并且与骨相连的肌肉总是由两组肌肉相互配合活动的特点。	观察、思考、讨论。	
二、骨、关节和骨骼肌的关系	二、骨、关节和骨骼肌的关系 设疑：有了灵活的关节，骨骼肌可以牵着骨绕着关节活动，然而运动的具体过程又是怎样完成的呢？ 课件动画演示：伸、屈肘运动，然后引导学生做伸、屈肘运动，感觉运动时骨、关节和骨骼肌的变化，最后用自制模型演示运动时骨骼肌（用弹簧代替）的变化。学生制作模型，观察模型运动时橡皮筋的变化情况。 模型制作：组织学生用教师提供条形木棍铁钉、细绳等材料制作肘关节的模型； 讨论探究：探究骨骼肌的着生情况和骨骼肌在运动中的关系。 播放屈肘和伸肘的动画。 思考： 当双手自然下垂时，肱二头肌与肱三头肌的状态； 当手提重物时，肱二头肌与肱三头肌的状态；	制作肘关节模型，探究骨骼肌着生位置和骨骼肌在运动中的协作关系。 体验屈肘和伸肘的过程中肱二头肌和肱三头肌的变化。加深理解骨骼肌的协作关系。 在不同的情境下，思考肌肉的协作关系。	通过模拟实验培养解决问题的能力和实践操作的能力。 培养合作学习的精神。 适时发现制作不同关节模型的典型学生，请他们为大家做示范和说明。引导学生发散性思维。

教学阶段	教师行为	学生行为	设计意图
三、运动同身体各系统的关系	总结：骨骼肌受到来自神经传来的刺激时，就会牵引骨绕关节活动，引起躯体产生运动。 表格见下方 三、运动同身体各系统的关系 设疑：动物只靠运动系统就能完成运动吗？如果不是，还有哪些方面的参与呢？ 组织讨论：学生分组讨论在体育课上运动时，自己身体的各种生理特征变化。 理解动物的运动还需要消化系统、呼吸系统、循环系统和神经系统等的配合才能完成。 设疑：动物的运动对动物有哪些意义？	思考，作答 讨论、总结、表达、交流：动物通过各种运动能够有效地获取食物和逃避敌害。	适时总结，建立知识体系。也可使学生对生物体结构与功能相适应有更深入的理解。 培养学生概括总结的能力和逻辑思维能力。培养知识综合运用的能力。培养合作学习的能力和整理信息的能力。
总结	运动系统由骨和骨骼肌组成；关节具有牢固灵活的特点适于运动；骨骼肌在运动中是动力器官。 运动需要运动系统来完成，同时也需要身体各系统的配合。		
布置课外练习	课下学生以小组为单位，制作肌肉牵动骨运动的模型。		

肌肉状态\情境	肱二头肌	肱三头肌
屈肘	收缩	舒张
伸肘	舒张	收缩
双手自然下垂	舒张	舒张
手提重物	收缩	收缩

第六主题 动物的运动和行为

七、板书设计

第二章　动物的运动和行为

第一节　动物的运动

一、运动系统的组成

1. 骨

2. 关节

结构：关节头、关节窝、关节腔、关节囊（关节头和关节窝的表面有关节软骨）

特点：既牢固又灵活

3. 骨骼肌

结构：肌腹、肌腱（肌腱可绕过关节连在不同的骨上）

特性：受到刺激会收缩。

二、骨、关节和肌肉的协作关系

当骨骼肌受神经传来的刺激收缩时，就会牵动骨绕着关节活动。

三、运动同身体各系统的关系

八、课后反思

本节课较为满意的是两点：一个是关节结构一定要强调既牢固又灵活，一个是骨骼肌的收缩一定要有相关模型的制作。在骨骼肌运动的协作关系中，除课本中所举例子外，添加的两个实例与学生生活实际相结合，既能激发学生的思维，又能引起学生的参与课堂教学的兴趣，不失为一个好的方法。

第七主题　生物的生殖、发育与遗传

　　生物的生殖方式多种，植物的生殖内容只介绍无性生殖、营养生殖和有性生殖，动物的生殖和发育侧重于昆虫类、两栖类和鸟类的内容。人类的生殖内容对结构和功能的统一性再一次进行了说明。教师尽可能引导学生通过生殖和发育的知识了解自己，关注身体健康。通过遗传知识理解婚姻伦理的价值观，认同优生优育。通过嫁接等生活实践，了解植物的无性生殖对生产生活的作用，了解遗传学的基本规律。

课例 15 人的胚胎发育

(北京版《生物》八年级上册 第十章 第一节)

对于社会组成的基本元素——人，其自身的可持续发展是我们进行可持续发展的基础。培养出有道德，能够成为合格父母的社会成员也是教育的一个重要组成部分。现而今的独生子女习惯了以自我为中心，一些孩子不懂得珍惜别人赋予他们的爱，甚至不珍惜自己和他人的生命，因此在教学中进行珍爱生命、关爱亲人的教育也是非常必要的。

我们以"胚胎发育及分娩"这一节课为例，探讨如何通过课堂学习使学生懂得父母对其生养的不易，自己生命的来之不易，学会珍爱自己的生命、他人的生命，珍爱家庭中的亲情的教育过程。

一、学情分析

知识技能：从知识水平来看，学生已经学习了人体的生殖系统，对于人的胚胎发育这部分内容只有朦朦胧胧的一些了解，但是青春期的学生性意识萌动，获得这部分知识的欲望很强。

情感兴趣：初二的学生对于生殖及胚胎发育部分的内容都充满了好奇，但部分孩子羞于启齿，还有少部分孩子不能正确对待这方面的事实。需要教师正确的引导，帮助学生树立正确的态度。

二、教学内容分析

本节教学内容是《生物课程标准》第七主题"生物的生殖、发育与遗传"，第一部分"人的生殖和发育"中的内容，具体内容标准"描述胚胎发育过程"；在北京版《生物》教材中为：第三册第十章"生物的生殖"第一节"生物的有性生殖"和"人的有性生殖"。本节课是在学生学习了生殖器官的结构以及受精的内容之后，向学生继续介绍胚胎发育及分娩的知识。本节课的内容在课本上编者并没有给出很大的篇幅，但现在的学生多以"自我为中心"，缺乏对别人的关心。作为教师有义务让学生真实地了解自己是如何由母亲带到这个世界上的，父母为自己做出了多大的牺牲。用一整节课的时间介绍胚胎发育和分娩的知识，主要促使学生懂得感恩和珍惜生命。

三、教学目标

知识目标：1. 能够说出胚胎发育的基本过程。

2. 能够说明胎儿与母体如何进行物质交换。

能力目标：培养语言表达能力及书面表达能力。

情感态度价值观：1. 培养对待科学知识的正确态度。

2. 通过对胚胎发育及分娩过程的了解，增进与父母的感情以及对生命的珍爱。

四、教学重点和难点

教学重点：增进与父母的感情及对生命的珍爱。

教学难点：通过对胚胎发育及分娩过程的了解，增进与父母的感情及对生命的珍爱。

五、教学方法和教具准备

教学方法：体验法与讲述法。

教具准备：受精过程简图；胚胎发育初期的录像片；妊娠反应的录像片；介绍胎盘的录像片；妊娠后期的胎儿和子宫的图片；怀孕晚期孕妇体内变化的录像片；分娩过程的录像片；父亲感受的录像片；短片上帝与天使的对话。

六、课前准备活动

知识预习：回家后访问妈妈或者爸爸。访问的内容有："妈妈孕育我时有什么感觉？""在我即将出生时爸爸的感受？"

问题探究：1. 怀孕时母体是一个什么样的感受？

2. 孩子处于胎儿时父母的心情？

预期效果：能够正确认识母亲生自己的不易，感受到父母对自己的爱；同时产生对父母的爱，愿意为父母做自己力所能及的事。

七、教学过程

教学阶段	教师行为	学生行为	设计意图
导入	提问：大家都知道自己的生日么？ 提问：什么是生日？ 讲述：每个人的起点是受精卵，在母体内孕育了 280 天，离开母体来到世上的日子。 设问：这 280 天是怎样度过的？我们又是怎样来到这个世界的？ 讲述：现在请大家拿起书包，不是背在身后是放在腹前； 哈哈腰，提提鞋，系系鞋带。 同学们，母亲从怀孕 7 个月开始一天 24 小时都是这样负重的。	回答： 用自己的语言回答。 思考，产生兴趣。 体验活动	以学生感兴趣的事引起学生兴趣。 体验妇女怀孕时的艰辛。
新课 一、胚胎发育的过程	提问：一个生命的起始应该是从哪一刻算起呢？ 出示：受精过程简图 讲述：通过上节课的学习我们已经知道了卵细胞和输卵管完成受精形成受精卵，受精卵在向子宫运动的过程中同时进行细胞分裂，受精后 7~8 天，受精卵通过分裂形成胚泡，进入子宫在子宫内膜上着床，开始了从母体吸取养分的生活。 让我们一起来看看最初胚胎发育的情况。 播放：胚胎发育初期的录像片	受精卵的形成。 观看，思考	复习旧知识引出新知识。 通过视频了解胚胎发育初期的情况。

教学阶段	教师行为	学生行为	设计意图
	讲述：胚胎最先发育的是我们的神经系统。经过两个月（8周）的发育胚胎，尽管只有25毫米大，但已经发育的很像人了，因此，此时的胚胎就称为胎儿了。 设问：妈妈体内多了一个新的生命，会对妈妈有什么样的影响呢？	讨论：说一说自己回家后访谈的结果，妈妈在怀孕的时候有什么样的感受？	学生从教师的言语中感受到父母是带期盼和幸福之情孕育子女的。
	讲述：这些感受在座的同学是无法想象的，影片中的这位科学家给大家展示了一个极其相似的比喻，让我们通过影片感受一下。 播放：妊娠反应的录像片	观看胚胎发育的录像片2。 谈谈看过录像片之后的感想。	了解胎生。
	提问：虽然母亲承受了这些痛苦，但并不影响她对我们的爱。请你谈谈看过影片之后的感受。	思考，猜测	
	提问：我们从一个直径只有0.1毫米的受精卵到体长约50厘米、体重约3000克的婴儿，我们如何不断地从母体得到营养，我们在此时代谢产生的废物又是如何排出的？ 播放：胎盘的录像片 讲述：胎盘就是我们在母体中生存的秘密。在我们还是胚胎的时候，有很多的结构对我们有着很大的帮助。这些无名英雄有：胎膜、胎盘、脐带。胎膜为我们的生长提供了一个相对稳定的内环境；胎盘的功能刚才影片中介绍了，通过它胎儿不仅从母体获得营养物质和氧气；并且通过它将自己代谢产生的废物传递给母体。脐带是胎儿与胎盘之间的纽带。	观看关于胎盘的录像片 活动：尝试系鞋带或捡起地面的物体，体验怀孕晚期孕妇的活动不变	

第七主题　生物的生殖、发育与遗传

教学阶段	教师行为	学生行为	设计意图
	设问：胎儿一天天长大，我们能看到的是妈妈的腹部在不断地涨起，活动不便只是妈妈身体上的一个小小变化，她体内的负荷也越来越大，你知道这期间妈妈的身体因为你发生了哪些变化吗？感知母亲为子女出生经历的艰辛和承受的危险。 播放：怀孕晚期的录像片 提问：看到这里同学们有什么感想？ 讲述：的确，母亲孕育我们的过程不仅艰辛而且危险，即便这样她们依旧幸福地守卫着我们，用自己的生命捍卫着这个小生命。我们又该如何对待母亲赋予我们的生命呢？	观看视频资料，感受母亲孕育我们的艰辛。 思考	感知母亲孕育子女的艰辛。
二、分娩的过程	设问：你知道父亲在等待你出生时的感受吗？ 播放：父亲等待子女出生之前感受的录像片 讲述：当母亲怀孕40周左右，就将分娩了，让我们一起来守护这个小生命的出现吧。 演示：分娩过程的录像片 提问：现在你有什么感受？想对爸爸妈妈说些什么？不妨写在你准备的信纸上。愿意的话可以念给大家听，我们共同分享。 父母为我们做了这么多，我们能为他们做些什么呢？ 播放：播放上帝与天使的对话	观看分娩过程的录像片。 思考并完成：给爸爸和妈妈的话。 交流	感知父子的亲情。 通过视频和书写的方式表达出对父母的感激之情。

教学阶段	教师行为	学生行为	设计意图
小结	讲述：大家今天应该能够真正理解"自己的生日是母难日"这句话了吧。老师希望大家回家后，能够真心地对自己的爸爸妈妈说出你的爱，并且为他们做件你最想为他们做的事。即使是一件微不足道的小事，为爸爸妈妈倒杯水、捶捶背，也应该让他们知道你爱他们，用自己的行动爱他们，他们会感觉非常欣慰。 我们每个人从形成受精卵的那一刻起，父母就对我们赋予了无限的希望，可能他们有很多自己的苦衷，但请记住爸爸妈妈爱我们。现在的你是否愿意使他们美好的梦想变成现实呢？		将爱付诸行动

八、课后反思

在这节课上，尽力让学生从教师的言语中感受到父母是怀揣着一份期盼和幸福之情孕育自己的。让孩子们也同样怀着一份孕育新生命的喜悦来认识胚胎发育的过程。无论介绍到哪一个环节，老师都提示孩子们这个时候父母的感受是如何的，母亲在孕育新生命时为孩子做出了哪些奉献。当孩子们了解到胚胎发育末期母亲心脏和其他内脏所承受的巨大压力和存在的风险时，孩子们都惊呆了。这时候的他们，对母亲的感激之情是不用老师来引导就油然而生的。

当教师问道："有了这么多的感想，我们还要将我们的爱付诸行动，那你现在回家最想为父母做些什么？"一个男孩举起手，说："我回家后要帮妈妈洗洗脚，小时候妈妈为我洗脚，现在我长大了该为妈妈洗脚了。"话虽然朴实，但谁听着不会热泪盈眶呢。

第七主题　生物的生殖、发育与遗传

课例 16　基因在亲子代间的传递

（人教版《生物学》八年级下册　第七单元　第二章　第二节）

　　"基因"是人教版新教材中"生物和遗传"相关知识的核心概念，无论是在遗传还是变异的过程，还是人的性别遗传，最终的落脚点都是基因。本节从学生已经学过的染色体入手，通过观察染色体和 DNA 之间关系的示意图，使学生了解基因在染色体上。接着通过染色体的传递揭示出基因的传递过程。细胞传递给子代，并最终确定"基因——DNA——染色体"的结构关系。

一、学情分析

　　知识技能：进入本节课学习内容之前学生已具备的相关知识有：生物的生殖过程，细胞核是遗传的信息库，相对性状、性状在亲代和子代之间的延续现象，生物的性状是由基因控制等。

　　情感兴趣：基因在亲子代间的传递——"父母究竟把什么传给了后代"。子女为什么像父母？这是每个学生都感兴趣的问题。

二、教学内容分析

　　本节的授课内容是《生物课程标准》第七主题"生物的生殖和发育"，第四部分"生物的遗传和变异"中的部分内容；《课标》对此的具体内容标准是："说出 DNA 是主要的遗传物质；描述染色体、DNA 和基因的关系；举例说出生物的形状是基因控制"。生物的性状的表现，是其携带遗传信息——基因的外在表现，生物的遗传就是生物通过生殖过程的基因传递过程。本节课解决的是亲代基因如何传递到子代的过程，也是学生认识遗传的核心问题。本节从学生已经学过的染色体入手，通过观察染色体和 DNA 之间关系的示意图，使学生了解基因在染色体上。接着通过染色体的传递提示出基因的传递过程。

三、教学目标

知识与技能：1. 描述"基因——DNA——染色体"之间的关系。
2. 描述生殖过程中染色体的变化。
3. 通过学习，知道生物的性状是亲代通过生殖细胞把遗传物质传递给子代的。

过程与方法：1. 通过分析观察图片和录像资料，引导学生理解生物性状的遗传是基因在亲子代间传递的结果。
2. 指导学生将研究基因传递的复杂问题转化成研究染色体的相对简单问题。

情感态度价值观：了解基因在亲子代间的传递，激发学生对生命深层次的思考和对生命的珍爱之情。

四、教学重点和难点

教学重点：生物性状的遗传是基因在亲子代间传递的结果——遗传信息传递的过程。

教学难点：生殖过程中染色体的变化。

五、教学方法和教具准备

教学方法：谈话法。

教具准备

教师准备：人的生殖过程示意图；基因、DNA 和染色体的关系录像；受精过程录像；人的正常和异常染色体图；果蝇和果蝇有性生殖过程中染色体变化图；基因在亲子代间传递的动画；收集到的相关文字资料。

学生准备：绘图用具；收集有关的图片和文字资料；准备小品"兄弟"的表演。

六、教学过程

教学阶段	教师行为	学生行为	设计意图
导入	引导学生畅谈自己与父母之间的相似特征。 质疑：父母是不是把自己的具体性状传给了孩子？	学生从日常生活经验出发，思考，回答。	联系生活实际导入新课。
新课 一、染色体、DNA 和基因的关系	展示：动物细胞结构图片 质疑：动物细胞由哪几部分组成？细胞核内有什么物质？ 展示：DNA 的双螺旋结构图片 引导思考：①果蝇细胞和人体细胞各有多少条染色体？为什么把它们画成一对一对的？ ②DNA"长绳"上涂上不同颜色的区段表示什么？怎样才能把长绳处理成短棒状的染色体样子？ 讲解：基因位于 DNA 分子上，DNA 和蛋白质构成了染色体，因此基因位于染色体上；生物的体细胞染色体成对存在。	思考明确：动物细胞有细胞膜、细胞质和细胞核。细胞核内有遗传物质 DNA，DNA 和蛋白质组成染色体，基因是具有特定遗传信息功能的 DNA 片段，基因在染色体上。	分析图片，了解 DNA 分子的结构。

教学阶段	教师行为	学生行为	设计意图
	①果蝇体细胞细胞核内有 8 条染色体，人的正常体细胞核内是 46 条染色体。生物的体细胞中染色体都是成对存在的，每一对在外形上都很相似。 ②DNA 分子上不同的区段表示控制不同性状的基因。 ③不断把长绳螺旋缩短变粗，就能把长绳处理成短棒状；从线形的 DNA 到棒状的染色体。	观察分析 DNA 图片，分组讨论交流，与老师共同获得答案。	
	指导学生利用模拟材料模仿染色体的形成过程。 质疑：DNA 分子在折叠成染色体的时候有没有中断？是一个 DNA 分子经过折叠后形成了一条染色体，还是多个 DNA 分子折叠后形成染色体？那么一条染色体中含有几个 DNA 分子？一对染色体呢？人体细胞内染色体、DNA 和基因的数量各是多少？ DNA 分子在折叠过程中没有中断；是一个 DNA 分子折叠后形成一条染色体。一条染色体中由一个 DNA 分子形成，一对染色体的 2 条染色体各有一条 DNA 分子。人体细胞内染色体为 23 对，DNA 分子 46 个，基因数万个。 引导学生用图解表示染色体、DNA 和基因的关系。进一步到生物体的结构关系。	小组合作模仿染色体的形成过程。 观察实验过程，讨论问题，代表发言。	利用制作和分析模拟实验，明确染色体、DNA 和基因的关系。

第七主题 生物的生殖、发育与遗传

新课程生物怎么教

教学阶段	教师行为	学生行为	设计意图
二、基因经生殖细胞的传递	展示：体细胞的有丝分裂过程图。 质疑：无性生殖的后代个体之间以及与母体间都十分相像，这与染色体和基因在亲代、子代间的传递有关吗？ 讲述：重点强调体细胞分裂过程中，染色体的数目保持不变的特征，即新产生的细胞染色体与原细胞的染色体数量相同。 师生共同回忆：人的生殖过程。 提出问题：体细胞在形成生殖细胞时，染色体如何变化？受精时精卵细胞的结合意味着什么？ 质疑：①性细胞——精子和卵细胞内的染色体数目与体细胞染色体数目相同吗？ ②所有人的体细胞中染色体都是 23 对，基因和 DNA 也是恒定不变的。这是为什么呢？ ③体细胞在形成生殖细胞时，成对的染色体的数目减少了一半，既可以使亲代的基因传递给子代，又能保证子代与亲代间染色体数目的恒定。 指导学生阅读教材，提出思考问题：形成生殖细胞时，染色体如何变化？联系染色体、DNA 和基因的关系，想一想对遗传有什么意义？ 讲解：基因和染色体都是成对存在的，当两条染色体中的一条进入精子或卵细胞中时亲代的基因也随着染色体进入精子或卵细胞。所以子代体细胞中含有父母双方的基因，子代就会长得既像父亲又像母亲。 师生共同完成"生殖过程中染色体的变化"图。 提出问题：根据图形，基因在生殖过程中是如何变化的呢？	观看图像，在老师引导下得出结论：遗传物质（染色体、基因）没有变化，它控制的性状也不发生变化。 回忆人的生殖过程。 推测与质疑：如果精、卵细胞与体细胞一样也是成对的染色体，受精卵及后代的体细胞中染色体、DNA 和基因会比亲代多出一倍。 提出多种设想，最终明确生殖细胞中的染色体数目是体细胞的一半。 阅读教材，了解科学家耐登和亨金的实验。思考问题，得出结论。 分组讨论，得出结论。	正确的逻辑分析是认识客观规律的重要方法。

教学阶段	教师行为	学生行为	设计意图
结束	引导学生总结本节课主要内容。 讲述：体细胞分裂形成性细胞时，染色体数目减半的方式是成对的染色体分开。完成受精作用后，形成的受精卵中成对的一条来自卵细胞源于母亲，一条来自精子源于父亲；这样，后代具有双亲的遗传物质。因此，后代即可能像母亲也可能像父亲。	分组总结：基因经生殖细胞传递，精子和卵细胞是基因在亲子代间传递的"桥梁"。每种生物细胞内的染色体形态和数目都是一定的，体细胞中成对存在，基因也是成对存在的，分别位于成对的染色体上。在形成生殖细胞的过程中，染色体的数目减少一半。	掌握本节课的核心内容。

七、板书设计

第二节　基因在亲子代间的传递

一、基因、DNA 与染色体

1. 基因存在的场所：每个细胞的细胞核中的染色体上。

2. 染色体的结构特点：成对存在；

一条染色体由一个 DNA 分子和蛋白质折叠而成；

一个基因就是 DNA 分子上的一个片段。

二、基因经生殖细胞的传递

1. 假设精子和卵细胞都是体细胞

精子 4 条，卵细胞 4 条→受精卵 4 对→子代加倍→子代再加倍→……

第七主题　生物的生殖、发育与遗传

2. 马蛔虫体细胞 2 对染色体：$\begin{cases} 精子 2 条 \\ 卵细胞 2 条 \\ 受精卵 2 对 \end{cases}$

八、课后反思

利用学生熟悉的生活实例分析，无形中增加了学生的感性认识，容易理解新知识。

学习抽象的基因、DNA 和染色体的关系时，进行模拟实验或制作，可以加深学生对知道的理解。

第八主题　生物的多样性

　　按照科学分类的依据可以把生物分成不同的种类，而生物间的差异又与生物的遗传有着密切的关系。遗传的多样性决定了生物的多样。教师不仅要将生物分类学的内容渗透在生物多样性的内容中，更重要的是把生物多样性与生态系统的关系、与人类的关系分析透彻。站在生物与环境相互影响、相互依存的高度，引领学生理解保护生物多样性的意义，关注珍稀保护生物。通过对生物发展史的介绍，引导学生对生物进化与环境选择、对环境的适应和新物种形成有辩证的认识。

课例17　细菌和真菌的分布

（人教版《生物学》八年级上　第五单元　第四章　第一节）

作为生物圈生物部分的分解者，细菌和真菌在生物圈中有着其他生物不能代替的作用，但如同它们的个体一样，它们的作用也常常容易被人们忽视，因此这部分内容的教学显得尤为重要。

一、学情分析

知识技能：学生已知分解者在生态系统中有着十分重要的作用；了解了每种生物都需要一定的生存条件；虽然经常说细菌如何如何但实际上对细菌知之甚少；而真菌虽然说的少，但生活中接触的多，学生有不少的相关知识与经验。

情感兴趣：通过进入初中后一年多的合作学习和探究，学生已经具备了一定的合作探究观念和技能。但在日常生活中讲到细菌常与生病在一起，讲到霉菌又总与食物腐败变质相联系，不少学生有"谈菌色变"的潜意识。

二、教学内容分析

本节课的教学内容属于《生物课程标准》第八主题"生物的多样性"，第一部分"生物的多样性"的部分内容。

人教版初中《生物学》教材将人与生物圈作为整个初中生物教学体系的核心。生态系统的各个部分显得尤为重要。在掌握了植物和动物，生态系统中的"生产者和消费者"后，安排学习细菌（腐生）和真菌（腐生）生态系统中的分解者的常识就顺理成章了。

通过"培养菌落"、"检测不同环境中的细菌和真菌"和相关的探究实验能够很好地培养学生实事求是的科学精神。发现细菌和真菌的分布特点，了解细菌和真菌的生存需要的条件。

三、教学目标

知识与技能：1. 联系日常现象，说出细菌和真菌分布的广泛性。

2. 观察不同形态的菌落图片及菌落实物，说出细菌和真菌分布的特点。

3. 尝试采用细菌和真菌培养的一般方法，探究细菌和真菌的分布。

过程与方法：通过观察和探究细菌和真菌的分布，培养学生的观察、分析、判断、推理等能力和进行微生物培养的实验操作技能。

情感态度价值观：1. 培养学生实事求是的科学态度和一丝不苟的探究精神。

2. 通过完成"细菌和真菌的分布"探究实验，体验合作与交流的重要性。

四、教学重点和难点

教学重点：1. 细菌和真菌的分布特点。

2. 设计并实施实验的过程。

教学难点：1. 如何确认培养中的菌落类型及描述它们的特点。

2. 探究实验的组织教学。

五、教学方法和教具准备

教学方法：谈话法、实验法。

教具准备

老师准备：细菌和真菌的菌落挂图；配制好了的微生物培养基；投影仪，有关细菌和真菌的资料，无菌棉棒、放大镜、标签纸和透明胶带等。

学生准备：查阅有关细菌和真菌的资料；准备一些发霉的橘子、长毛的馒头、变质的牛奶和一些腐败的食物等。

六、教学过程

教学阶段	教师行为	学生行为	设计意图
导入	提问：当你走进五彩缤纷的自然界时，首先映入眼帘的是什么？ 引述：大家可曾想过自然界中除了植物、动物和病毒以外，还存在其他生物吗？下面分组观察同学们准备的实物。 学生回答：橘子和馒头上长了绿或白（黄、黑）毛，也有绿或黄的斑点；变质的牛奶、腐败的食物。 总结讲述：这是什么原因呢？要解开这个谜团，就要学习"分布广泛的细菌和真菌"。	根据日常生活经验自由回答。 分组观察讨论发霉的橘子、长毛的馒头、变馊的牛奶和腐败的食物。	从生活中的感性知识导入到学习的内容。
一、菌落	提问：同学们对细菌和真菌都有哪些了解呢？ 讲述：细菌和真菌的分布是非常广泛的，无论是空气中、土壤中、水里乃至我们的身体里，都能找到它们。它们无孔不入，因为它们较小，一般情况下肉眼看不见。只有当它们大量繁殖形成集合体后，肉眼才能看到，这就是菌落。 展示：老师培养的细菌和霉菌菌落。各种菌落图片。 讲解：细菌菌落较小、白色，表面光滑黏稠或粗糙干燥。真菌的菌落较大，颜色丰富，呈绒毛状、絮状或蜘蛛网状。 引导：结合日常所见，举一些细菌或真	思考，回答。 观察：课前准备的各种菌落实物、两种菌落和图片。	通过观察菌落实物和生活经验，理解菌落的概念。

教学阶段	教师行为	学生行为	设计意图
	菌菌落的实例。在收集的资料中查找有关细菌和真菌的内容。 讲述：肺结核的发现过程：…… 青霉素的发现过程：…… 巴斯德发现乳酸杆菌并用加热法杀灭的过程：…… 提问：同学们从许多科学家发现细菌和真菌、战胜病菌的故事中学到了什么？（学习他们一丝不苟、严谨治学的精神。）	分组讨论，代表发言。	通过科学家的故事培养科学探究精神。
二、学习培养细菌和真菌	介绍讲述：普鲁士医生科赫用妻子做的肉汤培养细菌，到用琼脂果冻培养细菌，从而发现了许多病菌，并获得诺贝尔生理学和医学奖。 提问：从以上故事中，同学们得出什么样的结论呢？（许多科学发现是在生活中点点滴滴中产生的。） 引导学生自学课文56页第二段，并思考问题：怎样配制培养基？用牛肉汁（或土壤浸出液＋牛奶）与琼脂混合在一起，就可以制成培养基（半固体）。什么是接种？（将少量细菌或真菌放在培养基中的过程就叫做接种。）细菌和真菌的培养分为哪几步？（分为三步：①配制培养基；②接种；③培养） 引导总结强调：培养基要灭菌冷却后使用；在温暖的恒定温度下培养。 展示老师培养的细菌和真菌菌落。	了解：在进行微生物的研究中，配制培养基是很重要的。	通过科学家的故事和老师讲解，知道培养菌落的主要步骤。
	（把配制培养基和培养细菌和真菌作为一次活动课或探究实验课，或生物兴趣小组的活动课另外安排时间进行）		

第八主题 生物的多样性

137

新课程生物怎么教

教学阶段	教师行为	学生行为	设计意图
三、探究"检测不同环境中的细菌和真菌"	分发给每小组三只配制好培养基的培养皿，并编上甲、乙和丙（实验组、对照组）号，用来进行实验。 讲述接种方法： 实验组： ①空气中接种：在采集地点打开甲暴露在空气中 10 分钟，盖好，封好。 ②物体上接种：用无菌棉棒蘸取或擦取物体后，在乙的培养基表面上轻轻涂抹后盖好，封好。 对照组： 丙一直封着。 要求：注意安全。 根据采集的地点提出相应的问题，并作出假设。 一组：菜市场。 假设：1. 菜市场周围的空气中有许多细菌和真菌。 假设：2. 蔬菜上有许多细菌和真菌。 二组：公交汽车站。 假设：1. 公交汽车站周围的空气中有许多细菌和真菌。 假设：2. 公交汽车站的建筑物上有许多细菌和真菌。 三组：池塘。 假设：1. 池塘周围的空气中有许多细菌和真菌。 假设：2. 池塘的水中有许多细菌和真菌。	分组到采集地点接种。	采集不同环境中的细菌和真菌培养。通过观察菌落，体会细菌和真菌的广泛分布和不同环境下的分布特点。

教学阶段	教师行为	学生行为	设计意图
	四组：教室。 假设：1. 教室的空气中有许多细菌和真菌。 假设：2. 教室的桌椅上有许多细菌和真菌。 五组：学校食堂。 假设：1. 学校食堂的空气中有许多细菌和真菌。 假设：2. 学校食堂的桌椅上有许多细菌和真菌。 六组：校园绿地土壤。 假设：1. 校园绿地上的空气中有许多细菌和真菌。 假设：2. 校园绿地土壤中有许多细菌和真菌。 以下两组，每组 2 个培养皿；编号乙和丙按照上述要求操作。 七组：口腔内部和手。 假设：口腔内部也有许多细菌和真菌。 假设：手上也有许多细菌和真菌。 八组：钱币。 假设：硬币有许多细菌和真菌。		
	指导学生把甲、乙和丙培养皿放在实验室的恒温箱中37℃培养48小时。 观察并统计：各个培养皿中的菌落类别与各个类别的数量。 分析：观察统计结果，明确细菌和真菌分布的普遍性；找出细菌与真菌分布与环境的关系。	探讨：细菌和真菌分布与环境的联系。	学习细菌真菌的培养方法。

第八主题　生物的多样性

139

七、板书设计

一、观察菌落

培养基：含有适于细菌和真菌生长的物质。

菌落：是菌类繁殖后的集合体。根据其形态，可用来区分不同种类。

二、学习培养细菌和真菌的方法

1. 配制培养基；2. 接种；3. 适温和恒温培养。

三、探究"检测不同环境中的细菌和真菌"，理解细菌和真菌的广泛分布。

八、课后反思

本节内容两个课时，有几种安排方式；通过探究，学生不仅能够验证细菌和真菌的分布广泛，还能培养科学精神和探究能力。

附：发现之旅

肺结核的发现过程：19 世纪的欧洲，肺结核病十分猖獗，每 7 个人中就有 1 人被它夺去生命。科赫为了找到肺结核的病因，日夜在显微镜下观察，发现了致病的结核杆菌。通过动物实验，他证明结核杆菌能通过空气传播，使人患肺结核。

青霉素的发现过程：1928 年，英国圣玛丽学院的讲师弗莱明发现，培养葡萄球菌的培养基里长出了霉菌。奇怪的是霉菌周围的葡萄球菌不见了，难到是霉菌杀灭了葡萄球菌？他试着将霉菌用水稀释后滴进其他细菌培养基里，结果霉菌又杀死了其他细菌。弗莱明喜出望外，将这种霉菌分泌出的杀菌物质称为"青霉素"。青霉素在战争中救治了许多伤员，于是，青霉素与原子弹和雷达一起，被誉为第二次世界大战时期的三大发现。

巴斯德发现乳酸杆菌并用加热法杀灭的过程：

"微生物学之父"巴斯德的故事：1855 年，法国里尔的酒厂常为美味的啤酒变酸而苦恼，就去请教里尔大学教授巴斯德。巴斯德在显微镜下发现，啤酒变酸是酒里的乳酸杆菌捣乱，于是，他用加热的方法杀死了乳酸杆菌保证了啤酒不变酸。他也成为发明加热消毒法的第一人。后来，巴斯德又发现了使蚕生病的致病细菌，成为现代微生物学的奠基人。

普鲁士医生科赫用妻子做的肉汤培养细菌，到用琼脂果冻培养细菌，从而发现了许多病菌，并获得诺贝尔生理学和医学奖：

1872 年，普鲁士医生科赫让妻子熬了一锅肉汤，用来培养细菌进行研究。细菌在肉汤里繁殖得又快又好。但是，各种细菌混杂在一起无法分离出单纯的菌种来进行研究。一天，科赫吃饭时，看妻子做的琼脂果冻，大受启发。于是，他往琼脂胶液里倒进牛肉汤，冷却凝固成肉汤琼脂，再接种细菌，果然繁殖出了单纯的菌种。他又给透明的细菌染上颜色，在显微镜下就能清清楚楚地看到细菌的活动了。科赫利用制作的培养基先后抓住了霍乱病菌、疟原虫、锥体虫等害人精，还成功地控制了牛瘟、淋巴腺鼠疫、回归热、昏睡病等恶疾的蔓延。1905 年，他获得诺贝尔生理学和医学奖。

课例 18　生命的起源

（北京版《生物》八年级下册　第十五章　第一节）

对于地球上生命起源的问题，一直是人们感兴趣的话题，也是学生乐于参与辩论的话题。本节课的教学设计是贯彻"教师为主导，学生为主体"的教学理念，积极引导学生参与教学过程，主动获取知识，乐于探究。基于此，在教学中一方面注意问题情境的创设，激发学生的学习兴趣，主动探究，使学生形成积极主动的学习态度；另一方面注意科学方法的渗透，培养学生获取知识的能力、分析问题的能力、交流合作的能力。创设一个轻松、民主的学习氛围，让学生在这样的氛围中观察教师提供的相关资料并进行猜想、讨论、交流，将学生自主学习与合作学习有机结合，提供相关问题情境，运用所掌握的技能创造性地解决问题。

一、学情分析

知识技能：这是一个学生乐于学习和辩论的话题，但由于各自的经历、接受的信息、受到的影响不同，对这个问题的认识也会存在差别；加上它所涉及的知识又比较广泛，初二的学生又没学习过化学知识，对一些问题的理解有一定难度。

情感态度：部分学生父母、亲友可能有宗教背景，在讲述生命的化学进化时，也不要排斥其他的信仰。

二、教学内容分析

本节课的教学内容属《生物课程标准》第八主题"生物的多样性"，第二部分"生物的起源和生物进化"中的内容；《课标》的具体内容标准：描述生命起源的过程。是北京市义务教育课程改革实验教材《生物》第十五章"生命的起源和生物的进化"，第一节"生命的起源"的内容。通过前面的学习，学生知道了自然界中的生物是多种多样的，这些生物是怎样诞生的？最初的生命是如何起源的是个争论不休的问题。这一节学习生命起源的问题。

有关地球上生命起源的问题，常见于各种报纸、期刊、电视和网络等各种媒体，一直是人们感兴趣的话题，是科学家关注和争论的焦点之一，也是学生愿意学习和了解，乐于参与辩论的话题。因此，本节课教学对于学生的发散思维、求异思维，尊重客观事实、不迷信权威、敢于质疑的思维品质的培养，搭建了一个较好的平台。但由于它所涉及的知识又比较广泛，初二的学生又没学习过化学知识，并且，这个问题的研究还处于假说阶段，缺少有力的实验证据，因此，教学有一定难度。

三、教学目标

知识目标：1. 了解关于生命起源问题的几种观点。

　　　　　2. 描述生命起源的化学进化过程。

能力目标：通过对试验现象的分析、推理与演绎，体会科学假设的形成和科学结论的产生过程。

情感、态度价值观：1. 关注生命起源的不同观点。

　　　　　　　　　2. 认同生命的化学起源学说。

四、教学重点和难点

教学重点：1. 原始生命的化学进化学说。

　　　　　2. 对巴斯德实验的分析。

教学难点：生命起源的化学进化学说。

五、教学方法和教具准备

教学方法：讨论法、讲授法。

教具准备：课件、相关视频。

六、教学过程

教学阶段	教师行为	学生行为	设计意图
引入	讲述：生命是我们这个世界最神奇、最美丽的自然现象。目前地球上已知的生物物种约有 200 多万种，它们的形态结构、生活习性千差万别，适应不同的生活环境。那么，这种类繁多的生物都是从何而来？这就是我们这节课要讨论问题——生命的起源。 　　人类从诞生之日起，就被生命的起源这个问题所困扰着。古今中外，很多人对生命的起源问题，作了大量的探索，也出现了多种假说。	听讲	引入新课。
新课 一、对生命起源的几种认识 1. 自然发生说	板书： 第一节　生命的起源 一、对生命起源的几种认识 讲述：古时候人们看到夏秋季节，当夜幕降临时，草丛间有闪烁着绿色荧光的萤火虫飞舞；一块肉放在那里，过一段时间，就会长出蛆来，于是就认为萤火虫是在草中自然而然生成的，蛆是在肉中自然生成的。这就是自然发生说。此外还有"白石化羊，朽木化蝉，泥土变鱼"等说法。 提问：①你是否同意这种观点？你是如何解释这些现象？请设计实验，通过实验证明你的观点（解释）。 ②蛆是（什么动物的幼虫）由什么动物的受精卵发育而来的？腐肉生蛆的肉一定接触了什么？	听讲 讨论 发言，倾听 观察、思考	情景引入自然发生说，通过小组讨论找出"腐草化为萤""腐肉生蛆"的实质。 通过实验设计和分析，进行科学方法的训练和

教学阶段	教师行为	学生行为	设计意图
	③根据上述认识，你的实验中要控制的单一因素（自变量）是什么？你的方法和途径？ ④说一说你们的实验设计方案？ 组织学生讨论，根据学生的发言，进行评价。 讲述：蛆——蝇的幼虫阶段，蛆是由蝇的受精卵孵化而来的。"腐肉生蛆"实际上是蝇将其受精卵产在了腐肉上，受精卵孵化出来的。 出示：巴斯德的（鹅颈瓶）实验图 讲述：为了证明那一些微小的生物也不是自然生成的。法国微生物学家巴斯德，做了一个令人信服、然而却十分简单的试验"鹅颈瓶试验"。 组织学生阅读教材46页巴斯德的实验并讨论教材47页讨论题。 补充讨论：①试验中的对比试验是哪两组？ ②试验中要控制的单一因素是什么？ 自然发生论被巴斯德的试验彻底推翻了！	空气有微生物并大量繁殖 看书、 思考 讨论， 发表看法 倾听	科学精神、科学意识的培养。 培养学生应用已有的知识解决现实的问题。 进一步证实自然发生说是不科学的。 巩固科学实验的
2. 其他假说	关于生命的起源还有很多观点，（把资料发给学生）。 组织学生讨论：你不同意哪种观点，同意哪种观点，为什么？ 根据学生交流情况，简单评价小结。 神创论对生命的解释是超自然的，不能用科学的方法验证。 宇宙发生说不能解释宇宙间最初的生命	阅读、讨论。 发表自己的见解，倾听。	方法。 了解各种观点，引起学生思考、培养对各种问题进行发

第八主题 生物的多样性

145

新课程生物怎么教

教学阶段	教师行为	学生行为	设计意图
	是怎样产生的。此外，宇宙空间的物理因素，如：强烈的紫外线、剧烈的温度变化等环境条件，我们认为这些对生命是致死的，生命又是怎样穿过地球的大气层而不会死亡呢？ 到目前为止生命化学起源的观点得到了大多数学者的认同。		散和集中思维的能力。
3. 化学进化学说	播放视频：生命的起源 利用课件讲解化学进化的大致过程。明确原始地球条件电闪雷鸣和原始大气的成分。 原始大气在紫外线、闪电和宇宙射线等的作用下，发生了化学变化： (1) 无机物生成了多种简单的有机物。 随着地球表明温度的逐渐下降，原始大气中水蒸气凝结成水滴——降雨；有机物随雨水冲入河流，在原始海洋中汇集。汇集在原始海洋中的简单有机物经过长期积累和相互作用合成了核酸、蛋白质等复杂的有机物。 (2) 简单的有机物相互作用成为复杂的有机物。 核酸、蛋白质等复杂的有机物，在漫长的年代，经过复杂的演变形成了原始生命（与外界环境有了能量和物质的交流能繁衍后代）。 (3) 核酸、蛋白质等复杂的有机物，演变形成了原始生命。	观察、 听讲、 思考 观察、思考 从无机物合成有机物的可能性。	接受化学的观点、对化学进化的大致过程形成初步的感性认识。 形成感性认识，帮助学生理解化学进化无机小分子——有机小分子的这一

教学阶段	教师行为	学生行为	设计意图
	讲述：原始大气中的无机物要通过化学变化能生成简单有机物，能证明这些化学变化确能发生吗？ 1952 年美国芝加哥大学研究生 S. L. 米勒，当时他才 20 来岁，他想模拟原始大气条件，看看能不能合成有机物。 出示：S. L. 米勒的装置，引导学生思考并明确各部分代表的是什么？原始大气、闪电、原始海洋、降雨等等。 一周后从取样活塞内抽取样品，在其中发现 11 种氨基酸，氨基酸是生命物质蛋白质的基本组成单位。 提问：米勒的实验证明什么？ 讲述：这一实验不但证明了从无机物合成有机物的可能性，鼓舞了所有支持化学进化的人们，同时还开阔了人们的思路，模拟实验成为研究生命起源的一个重要研究方法。 板书：概括化学进化论的基本过程、时间、场所。 讲解：介绍我国的研究成果，1965 年，结晶牛胰岛素。1981 年，酵母丙氨酸转运核糖核酸。 提问：这些成果证明了什么？——证明了简单有机物在一定条件下可以形成复杂有机物。 蛋白质是构成生物的重要成分，核酸是遗传物质，它们的合成为生命起源的化学进化提供了有力的证据。 讲述：如果我们把"神创论（神话与传说）"，"自然发生"和生命的化学起源学	观看、思考 证明了简单有机物在一定条件下可以形成复杂有机物。	阶段同时进行科学方法的训练和科学精神、科学意识的培养。 进一步帮助学生形成感性认识，渗透爱国教育。

第八主题 生物的多样性

147

教学阶段	教师行为	学生行为	设计意图
拓展	说从时间和产生方法与背景考虑，我们发现人类一直在追寻着生命的来源。远古人类想象出来了神——一种超自然的力量；人们在生活和生产中看到一些自然现象"腐肉生蛆"——自然发生；科学实验研究——生命的化学起源。 设问：在现今地球条件下，非生命物质能不能再演化为原始生命？ 不能！空气、温度、雷电、海洋成分都不同，所以不能。现在地球上生物物种一旦灭绝，就永远地消失了；实际上煤炭、石油也都是原来特定环境下产生的。因此保护环境，节约能源，保护野生动植物资源是当务之急。	听、思考	历史观：人类的认识是在不断发展和深化的，科学真理是相对的。 明确化学进化论还需要进一步科学验证，同时对学生进行环境教育。
小结	讲述：刚才我们一起分析了关于生命起源的几种主要的假说，除此之外还有人认为生命的起源于彗星，还有海底烟囱的说法，各个假说的研究人员都在努力寻找各自的证据。 化学进化虽然被大多数人所接受，并且已经在实验室中通过实验获得了一定的证据，但更多的还是停留在假说阶段，需要进一步验证。让我们共同关注这一难题，说不定你们当中就有未来的"米勒"呢！ 从化学进化的角度来看，原始生命是那么的简单，又是怎样发展演变成现在这么丰富多彩的生物界的呢？我们将在以后的课程里逐渐学习到。	听讲、产生进一步学习的兴趣。	强调重点，引起学生进一步学习的兴趣。
练习	组织学生练习	练习	巩固新知反馈

七、板书设计

§15.1 生命的起源

一、对生命起源的几种认识

二、生命起源的化学进化过程

无机物──→简单有机物──→复杂有机物──→原始生命（原始海洋）

[非生命物质]

八、课后反思

在本节课教学中为发挥教师的主导和学生的主体作用，教师采用了以收集、分析多种关于生命起源的假说为主线引导探究式的教学方法，通过创设富有启发性的问题情境，推动学生的探究性学习。在教学中还有效地利用多媒体技术辅助教学，突出了重点，突破了难点，较好地达到预定的教学目标，完成本节的教学任务。

第八主题 生物的多样性

课例 19　　生物进化的原因——自然选择学说

(北京版《生物》八年级下册　第十五章　第二节)

前面一章，向同学们揭示了丰富多彩的生物世界和各种各样奇妙的生物现象。但这些生物是从哪里来的？在不同的生物类群之间，为什么会存在程度不同的相似现象？本章中已经介绍了生命的起源，以及进化的依据，学生必然要问一个为什么——生物为什么会进化？由此，借助资料和自然选择的模拟实验了解生物进化之谜。

一、学情分析

知识技能：在学习过"生命的起源"和"进化的历程"之后，学生自然会提出生物是如何进化的问题。多数学生都能够说出"达尔文的进化论"，但绝大多数同学并不清楚达尔文生物进化的观点。在教学中一连串的问题能够有效地引导学生的思考。

情感兴趣：生物是如何进化的应该是每个人都感兴趣的话题，尽管有的同学受家庭的影响参加一些宗教活动，对于生物进化有质疑，但这依然是他们感兴趣的问题。

二、教学内容分析

本节的教学内容为《生物课程标准》第八主题"生物的多样性"，第二部分"生命的起源和生物进化"中的内容；具体内容标准是："形成生物进化的基本观点"。本部分内容在北京版《生物》第四册第十五章"生命的起源和生物的进化"的第二节"生物的进化"中"三、生物进化的原因——自然选择学说"；自然选择在本节既是重点也是难点。自然选择学说较为科学的解释了生物进化和生物多样性的问题。更重要的是为人类提供了一种正确认识自然界的思想方法。

自然选择学说是达尔文在研究其五年环球考察中收集的大量动植物标本的基础上，再通过人工选择过程演绎自然选择的过程后提出的。人工选择形成新的品种时间短易于观察，因此学生在课堂上先了解人工选择；课堂上利用事例分析和实验活动来学习人工选择的过程。一方面帮助学生理解自然选择的过程，促进学生分析能力的提高，同时对学生懂得应该如何正确地认识自然也是有益的。

三、教学目标

　　知识目标：概述自然选择学说。
　　能力目标：模拟保护色的形成过程，分析生物进化的原因。
　　情感、态度价值观：通过模拟实验体验适者生存，不适者被淘汰的自然选择过程，认同生物进化的基本观点。

四、教学重点和难点

　　教学重点：模拟保护色形成的实验。
　　教学难点：通过对模拟保护色形成的实验现象分析得出生物进化是自然选择的结果。

五、教学方法和教具准备

　　教学方法：实验探究法，讲授法。
　　教具准备：金鱼的图片、长颈鹿进化图片、1850 年桦尺蛾图片和 1950 年桦尺蛾图片。

第八主题　生物的多样性

六、教学过程

教学阶段	教师行为	学生行为	设计意图
导入	讲述：在生物进化的历程中，生物进化的趋势是由水生到陆生，由简单到复杂，由低等向高等。 设问：什么是推动生物适应不断变化环境的动力？ 生物进化的原因是什么？ 讲述：最先，科学解释了生物进化的原因的是英国的博物学家达尔文（G. R. Darwin）。这节课我们就一起来认识一下达尔文的《物种起源》	思考	利用旧知识引起兴趣。
新课 三、进化的原因——自然选择学说（一）人工选择	三、进化的原因——自然选择学说 （一）人工选择 演示：各种各样金鱼的图片（教材 P54 图15 10） 提问：金鱼是我国特有的观赏鱼，看到各种各样的金鱼你知道它们是如何产生的吗？ 我们班的同学有没有家里养金鱼或鸽子并自己繁殖的？ 学生讲的时候教师注意提出如下问题： ①孵化出的小金鱼数量与保留下来的数量变化？（所有的鸽子都进行繁殖）——过度繁殖 ②这些小鱼是否都长的都一样？（鸽子的飞行速度和从远处回家的距离相同吗？）——遗传变异 ③保留下来继续养和繁殖什么样的？是你喜欢的吗？（具有哪些特性的鸽子进行	猜想 讲述、倾听与思考。	通过金鱼（鸽子）的养殖过程，理解人工选择过程。

教学阶段	教师行为	学生行为	设计意图
	繁殖）——人工选择（生存斗争）——适者生存 演示：金鱼的人工选择示意图（教材 P55 图 15 – 11） 讲解：人工选择： 达尔文认为，在不同的饲养或栽培条件下，原始祖先产生了许多变异，人们根据各自的爱好对不同的变异个体进行选择。经过若干年的选择使所选择的性状积累加强，最后选育出不同的品种。 人工选择是根据人类的需求和爱好，经过不断的选择形成生物新品种。 提问：达尔文由人工选择的过程在演绎自然界中各种生物物种的形成。在自然界中的生物进化，选择作用是怎样进行的？ 活动：自然界中大多数生物有很强的繁殖能力。以金鱼的祖先——鲫鱼为例：以每年每条雌鱼产卵 1000 枚计算如果这些鱼全部成活，第 2 年、第 3 年还有水吗？在以家猫为例，猫每年繁殖 2 次，假如每次 4 只，雌雄各半，小猫一年后性成熟又能繁殖小猫，问四年后两只猫的后代有多少只？ 提问：过度繁殖会带来什么问题？ 讲述：动物的生存必须有充足的食物和生存的空间。生殖可以让生物按照几何数量增加，而生存的空间是恒量，食物也是有限的。	计算： 食物短缺	通过计算加深对过度繁殖的理解。 讲解与分析引导出自然选择

第八主题　生物的多样性

新课程生物怎么教

教学阶段	教师行为	学生行为	设计意图
（二）自然选择	提问：为了生存，生物在这个有限的生存条件下会出现什么现象？ 讲述：生物之间为了获得生存所需的食物和空间而进行的斗争，称为生存竞争。 提问：生存竞争总有胜败。什么类型的生物在生存竞争中容易取胜呢？ 何为强者？ 演示：长颈鹿进化图片 提问：长颈鹿的进化过程中，谁在进行选择？ 演示：1850 年桦尺蛾图片 讲述：这是生活在英国曼彻斯特森林里的一种桦尺蛾，它主要在夜间活动，白天栖息在树干上。树干呈白色是因为当时的自然环境非常好，在树干上长满了地衣，白色是地衣的颜色。 提问：假如你是桦尺蛾的天敌，你最先捕食的是哪只？ 为什么浅色桦尺蛾不容易被发现而成为了幸存者？ 既然浅色桦尺蛾容易生存下来，那为什么还会有不同的颜色类型呢？ 讲述：这种浅色对于桦尺蛾来说就成为一种保护色。 讲述：所以白色桦尺蛾成为当时的常见类型，占90%，黑色只占10%。	争斗 强者 吃的（生存的环境） 活动：观察图片 被捕食的桦尺蛾的颜色。 与所处环境颜色不同易被发现。 小组试着提出探究的问题。 听取实验步骤，明确实验要求。 进行实验。 展示交流。	通过实例观察分析帮助学生初步理解自然选择。

教学阶段	教师行为	学生行为	设计意图
	通过实验感受自然选择过程。 各组展示实验结果后展开讨论： ①布料上同样都是小纸片，但却有不同的颜色，模拟的什么现象。 ②我们在不同的组中设置了不同颜色的布，代表什么？ ③我们在每个幸存者的后面都要再摆上三张同样的小纸片，这又模拟生物界的什么现象？ ④请你试着推测一下保护色的形成过程是怎样的？ 小结：自然界中的生物，通过激烈的生存竞争，适应环境的生存下来，不适应环境的被淘汰，这就是自然选择。适者生存，不适者被淘汰，所以目前在地球上生活的各种生物大多是适应环境的。自然界的环境有各种类型，不同类型的环境对生物的差异进行选择，形成了适应不同环境的生物，同时，也产生了生物的多样性。 出示：1950年桦尺蛾图片 提问：与前一张图片相比，有什么不同？ 由于当地工业化的发展，工厂排出的煤烟逐渐杀死了地衣，并将树干熏成黑褐色，请同学们推测一下，100年后哪种桦尺蛾将占据主要类型，为什么？ 讲述：正如同学们推测的，到1950年深色桦尺蛾已占到80%。 提问：生物进化的历程是否已经完成？如果还在进行，我们为什么不易发现生物	回答 思考理解 观察思考 猜测 思考	通过实例再次加深对自然选择的理解。

第八主题 生物的多样性

新课程生物怎么教

续表

教学阶段	教师行为	学生行为	设计意图
	的进化? 如果这时我们要想使曼彻斯特地区的浅色桦尺蛾重新恢复为常见类型,你认为有没有可能,如果有应该怎样做? 拓展:自然选择的进程十分缓慢。生物界的丰富多彩是经过亿万年的不断进化形成的。那请你思考一下,如果要保护一种濒危的动物,我们该做些什么呢?	思考并回答	
开放式结束	讲述:根据人类已经得到的证据可以证明丰富多彩的生物界是通过不断进化形成的。自然选择学说能够较合理的解释生物进化的原因。但是关于生物的进化,到目前为止,还有许多问题不能做出合理的解释,还需要人类不断的研究探索,进行完善。生命的起源以及动植物的起源进化我们都已经了解了,那么人类的起源和进化呢?这部分知识我们在下节课来共同学习。		

七、板书设计

三、进化的原因——自然选择学说

(一)人工选择

(二)自然选择

过度繁殖→生存斗争→遗传变异→自然选择——适者生存

八、课后反思

这节课的重点在于学生对于自然选择学说的理解,人工选择的概念帮助学生理解漫长的自然选择过程。这节课在不同班级的授课中,老师还尝试过让学生假设成为养鸡专业户以便理解金鱼人工选择的形成,试问他们准备养什么品种的鸡发家致富。孩子们反应异常热烈,产蛋多的,肉厚的,羽毛漂亮的,有药用价值的……甚至还有斗鸡,什么品种都会有学生想出来。当老师说到,只能为他们提供"原鸡"这一种品种的时候,学生自己很快就能想出以什么样的办法获得自己想要的品种——即人工选择。再加上自然选择的模拟实验，一切都很好理解了。但是，在这样一节课中，我们不光要让学生们理解自然选择学说，同时还要让孩子们树立起保护环境的意识。曼彻斯特地区桦尺蛾的事例不仅告诉了我们人类可以改变环境，也告诉了我们保护物种多样性的重要性。因此，短短45分钟的一节生物课，我们要带给孩子们的东西远不是只有生物知识这么点事。

第八主题　生物的多样性

第九主题　生物技术

　　生物学科的发展为技术的进步提供了理论基础。生活实践对生物科学的发展提出了新的指导性要求。生物技术在现代人类的生产生活中的作用越来越重要，并显现出了巨大的社会效应和经济效应。教师可以通过生活中常见的生物技术，帮助学生理解生物技术的重要作用。引导学生收集现代生物技术，如"克隆"的资料，对现代生物技术的研究方向有一定的了解，同时指导学生对现代生物技术的正负双向影响进行初步的判断，使之逐步形成决策的能力。这个主题包括：日常生活中的生物技术和现代生物技术两个二级主题。

课例 20 传统生物技术的应用

（北京版《生物》八年级下册 第十七章 第一节）

新课程标准，注重 STS 教育（科学、技术、社会的英文首字母为 STS），本节课是科学知识的教育，更重视科学知识在社会生产和生活中的应用。通过制作泡菜活动，使科学知识有效地应用于实际生活。通过制作泡菜学生不仅能够体会科学知识的应用，也能够感悟严谨的科学态度在生产和生活实践中的价值。

一、学情分析

知识技能：学生在生活实践中和前面的学习中已经了解了一些传统的生物技术，只是现在的学生缺少这方面的实践。

情感态度：学生虽然知道一些传统的生物技术，在生活中也接触到了大量的传统生物技术产品。但他们是缺少理论联系实践操作，部分学生可能很有兴趣；部分学生可能对此采取不屑一顾的态度。

二、教学内容分析

本节课的教学内容属《生物课程标准》第九主题"生物技术"，第一部分"日常生活中的生物技术"的内容；《课标》具有内容标准："举例说出发酵技术在食品制作中的作用"。《课标》的活动建议为："练习制作面酱或酸奶等发酵食品。"在北京市义务教育课程改革实验教材《生物》中是安排在第十七章"生物技术"，第一节"传统生物技术的应用"。

这节教学内容在北京版义务教育《生物》的最后一章"生物技术"的开篇。通过通俗易懂、生活中常见的"传统生物技术的应用"——发酵技术的学习，使学生认识到生物技术并不都是高深莫测、远离生活的，生物技术其实就在我们身边。

第九主题　生物技术

三、教学目标

知识目标：1. 举例说出发酵技术在生活中的应用。

2. 举例说出微生物发酵的基本原理。

3. 说出食品腐败的原因。

4. 通过尝试制作一种发酵食品，培养学生的实践能力。

能力目标：通过对问题的讨论，培养学生运用所学生物学知识分析和解决实际问题的能力。

情感态度价值观：1. 通过展示和评选学生制作发酵食品，培养学生的成就感，激励大家积极进取、互相学习的精神。

2. 通过发酵技术的学习，培养学生关注身边的生命科学，乐于探索生命奥秘。

四、教学重点和难点

教学重点：尝试制作泡菜或酸奶。

教学难点：通过分析制作泡菜成功或失败的原因，说出微生物发酵的一般原理。

五、教学方法和教具准备

教学方法：讲授法。

教具准备：英国双胞体姐妹的照片，几种食物的图片课件、视频。

六、教学过程

教学阶段	教师行为	学生行为	设计意图
导入	出示：英国双胞体姐妹的照片 提问：猜一猜图片上这两个人是什么关系？ 讲述：根据英国《每日快报》22 日报道，由于由同一批冷冻胚胎发育而来，	观察、猜测	利用新鲜事物引起兴趣。

教学阶段	教师行为	学生行为	设计意图
	英国 16 岁女孩爱玛·戴维斯的双胞胎妹妹相隔 16 年后出生。 提问：在自然界这种事情可能发生么？ 讲述：这就全都仰仗于生物技术的功劳了。 设问：那什么是生物技术？ 讲述：今天就让我们一起走近生物技术，了解一下生物技术为我们的生活带来了什么？		了解高新的现代生物技术。
新课 一、传统生物技术	板书：第十七章　生物技术 第一节　传统生物技术的应用 讲述：随着科技不断的发展，生物技术也发生着日新月异的变化。 提问：你能说说你所知道的生物技术吗？ 讲述：大家讲得非常好，在近几十年来，不断有新的技术产生。但古代的人们会使用生物技术么？今天我们认识一下传统生物技术在我们生活中的应用。	听讲 回答：生物克隆、转基因技术等。	明确本节课的学习任务。
	讲述：并不像大家想的只有克隆技术、转基因技术这类利用先进仪器才能完成的技术才叫生物技术。我们中国人使用生物技术的历史远可以追溯到几千年前。应该说我们每个人的每天生活都离不开传统的生物技术。 提问：猜猜生活中你遇到过的与传统生物技术有关的事物都有些什么？ 讲述：传统生技术如利用微生物发酵制作泡菜、酿酒、制醋、酸奶等技术，在我国已经有几千年的历史。 出示：几种食物的图片 讲述：请你识别一些下列食物哪些是利用了微生物发酵技术的？	酱油、醋、酒、馒头、腐乳、酸奶、泡菜、味精、面包、酱……	体会传统的生物技术与我们生活息息相关。

第九主题　生物技术

续表

教学阶段	教师行为	学生行为	设计意图
	讲述：我们之前布置了制作泡菜的作业不知道大家完成得怎么样了？ 组织：学生展示自己制作的泡菜并品尝。 组织学生：成功的学生介绍经验，未成功的学生分析失败的原因。通过该活动归纳微生物发酵的基本原理。	展示并品尝，以小组为单位交流"我是如何做泡菜的"。	体验传统生物技术与生活，感悟乳酸菌发酵条件。
二、体验传统生物技术的应用	讲述：泡菜的制作过程就是乳酸菌的发酵过程。泡菜汤内的乳酸菌来源于大气中悬浮的乳酸菌孢子。乳酸菌在无氧的条件下，可以利用蔬菜中浸出的糖类、蛋白质和氨基酸等营养物质进行生长、繁殖，并产生乳酸。浸泡液中积累的乳酸，可以抑制腐败细菌和其他生物的活动，从而达到对泡菜保鲜的目的。在发酵过程中，乳酸菌除了产生乳酸外，还能产生醇类、脂类等物质，使泡菜具有醇香味美的特色。		了解乳酸发酵（自己劳动成果的成因）。
小结	讲述：1857 年，法国的微生物学家巴斯德发现了发酵原理，才使人们认识到发酵是微生物活动的结果。100 多年来，随着科学技术的进步，尤其是纯种微生物分离、培养技术的不断改进以及密闭式发酵罐的设计成功，使传统的微生物发酵技术转变为现代化的工业生产。目前，现代化的发酵工程在工业、农业、医药等领域已经得到广泛应用，如医疗用的多种抗生素、维生素，食品工业的色素、有机酸，农业用的一些除草剂、杀虫剂等都是发酵工程的产品。		传统生物技术也是在不断发展进步的。

教学阶段	教师行为	学生行为	设计意图
开放式结束	讲述：发酵工业与我们每个人都息息相关，在生活中我们利用发酵技术制作各种食品、药物……今天你了解了发酵技术，回家后是不是可以利用今天所学的知识帮妈妈做点什么呢？		学习是为提高生活质量。

七、板书设计

第十七章　生物技术

第一节　传统生物技术的应用

传统生物技术：发酵技术

乳酸菌来源：大气中悬浮的乳酸菌孢子

八、课后反思

知识源于生活，本节课从实际出发分析传统生物技术在生活中的应用，借助生活实例，组织学生课下进行传统泡菜的制作，在课上分享交流，从而进一步讨论发酵的原理，获取新知，更好的指导生活。学生在制作泡菜的过程中，有的向家长请教，有的上网寻找泡菜的制作方法，选择不同材料制作。在分享的过程中，积极介绍自己的方法，分享成功的经验，反思失败的教训。在学习完发酵技术的原理后，很多同学都表示，应用原理，回家再次尝试制作泡菜。本节课很好的渗透了"科学—技术—社会"教育，培养了学生的能力。

附：自制酸奶的方法

原料：纯牛奶 500ml；原味酸奶 125ml

工具：电饭锅、带盖瓷杯、勺子、微波炉（也可以用其他方法加热牛奶，但用微波炉不仅速度快，而且加热温度好掌握）

制作方法：

第九主题　生物技术

1. 将瓷杯（连同盖子）、勺子放在电饭锅中加水煮开 10 分钟消毒；

2. 将杯子取出倒入牛奶（7 分满，牛奶如果是新开封的，本身已消毒得很好，可以不用煮开消毒），将牛奶放入微波炉加热，以手摸杯壁不烫手为度；

3. 在温牛奶中加入酸奶，用勺子搅拌均匀，盖盖；

4. 将电饭锅断电，锅中的热水倒掉，将瓷杯放入电饭锅，盖好电饭锅盖，上面用干净的毛巾或其他保温物品覆盖，利用锅中余热进行发酵；

5. 过 8～10 小时后，低糖酸奶就做好了。

第十主题　健康地生活

　　健康是指一个人有一个良好的身体和精神以及社会适应状态。初中学生正处在青春期阶段，了解人体结构、功能和卫生保健的知识、传染病及其预防、医药常识等知识是学生健康生活的一部分，还要引导学生形成良好的生活习惯，并且能够有健康的心理状态。教师可以通过组织学生收集资料、参观展览等实践活动，认识酗酒、吸烟的危害，吸毒对个人和社会的危害。同时形成关注他人、关心社会和自珍自爱的情感。

课例 21　传染病及其预防

（北京版《生物》八年级上册　第十二章　第一节）

　　初中学生的思维方式正是由形象思维向抽象思维过渡的时期，因此在本节课的教学设计中，通过学生对甲型 H1N1 流感的实例分析，学生根据自己的生活经验总结传染病的特点和预防，从而加深对知识点的理解，将源于生活的做法通过科学的分析明白这样做的道理，从而提升学生的科学素养。

　　课上在教师的组织和引导下，学生以小组为单位讨论并分析 2009 年秋季，甲流疫情和为预防甲流流行所采取的各种措施：患病的同学在家治疗休息，教室消毒，最后每个同学都注射了甲流疫苗；总结出传染病的特点、流行的环节和针对它所采取的预防措施。

一、学情分析

　　知识技能：学生在日常生活中都或多或少地接触过传染病和控制传染病流行的一些措施，也了解一些传染病传播和预防的知识，但这些知识和经验零散缺乏系统，这当中还存在一些错误的认识。

　　情感兴趣：现在的学生在家庭中养成了以自我为中心的习惯，缺乏社会责任感。但大多数学生活泼、爱表达，愿意与老师合作完成"任务"。并且多数同学心地善良，有同情心，也热爱生活。

二、教学内容分析

　　本节课内容是《生物课程标准》第十大主题"健康地生活"第二部分"传染病和免疫"部分；具体内容标准："说明传染病的病因、传播途径和预防措施"。在北京版《生物》教材的第三册第十二章"人的健康生活"第一节"传染病及其预防"的一、二、三部分。相应教学内容：传染病的概念、传染病的流行的三个基本环节和预防传染病的一般措施；通过本节课的教学，学生将自己相应的生活经验系统化，将预防传染病的行为由被动到主动；明确面对传染病每个人的社会责任。这部分知识是理解本节"四、染病的类型"和第二节"免疫的基础"。也是高中学习生物"概述人体免疫系统在维持稳态中的作用""关注艾滋病的流行和预防"和"关注动物疫病的控制"的基础。

三、教学目标

知识目标：1. 能够说出传染病的病因和传播途径。

2. 举例说明传染病的预防措施。

能力目标：1. 了解传染病传播途径和预防措施的基础上，促进学生养成良好的个人卫生习惯。

2. 了解社会调查的一般方法，写出简单的调查报告。

情感、态度价值观：1. 通过换位思考的方式，认同面对传染病每个人都应承担一定的社会责任。

2. 认同传染病要贯彻预防为主、防重于治的精神。

四、教学重点和难点

教学重点：传染病传播的基本环节及预防措施。

教学难点：面对传染病流行社会和个人的责任。

五、教学方法和教具准备

教学方法：小组讨论法、自助式学习法。

教具准备：多媒体课件（流感传播图片，1918 年流感大爆发视频），教室白板和导学。

新课程生物怎么教

六、教学过程

教学阶段	教师行为	学生行为	设计意图
导入	演示：1918 流感视频资料 提问：你患过流感吗？你觉得它可怕吗？肝癌和甲型 H1N1 流感这两种病哪种病的死亡率高？ 一个肝癌晚期患者和一个甲型 H1N1 流感患者同时站在你身边，你觉得他们谁更可怕？你可能对他们其中的谁说：请您和我保持一定的距离？ 说出你这样想的理由？ 讲述：传染！一起认识传染病。 板书：第一节　传染病及其预防	观察 思考 回答：传染病	通过视频资料和提问引起学生的兴趣。
新课 一、传染病的概念	任务：请同学们判断手足口病、糖尿病、高血压、疟疾、肺癌、艾滋病、肺结核、脚气、口腔溃疡、青春痘、红眼病、肝炎，这些疾病中哪些属于传染病哪些不是属于传染病？ 请尝试用最简单的语言描述什么是传染病？ 讲述：传染，在人与人，动物与人之间传染。使健康的人患病。 提问：传染！在传递什么？是什么在人与人或动物与人之间传播？ 例：蚊子传播流行性乙型脑炎。蚊子将流行性乙型脑炎患者体内的什么传递给了流行性乙型脑炎非患者后，非患者可能成为患者。 夏、秋是肠道传染病的高发季节，我们知道这与苍蝇有关。苍蝇传播了什么使	在给出的材料中进行判断。 尝试用语言描述传染病的概念。 做学案中的相应内容。 思考、小组内分析、讨论和交流。	通过对实例练习，归纳总结传染病的概念。 具体的实例引导学生思考与讨论帮助学生理解病原体。

168

续表

教学阶段	教师行为	学生行为	设计意图
	我们患痢疾、患肠炎？ 教师小结：传播的引起疾病的细菌、病毒、寄生虫——病原体。 传染病的概念： 板书：一、传染病 由病原体引起的能够在人与人，人与动物之间传播的疾病。		
二、传染病流行的三个环节	组织分析、讨论：流感的传播与流行。帮助学生回忆引起流感传播的各项因素，时间与气候，是否所有的人都会被传染、发病等。 病人； 干燥的气候、飞沫； 不是所有的都发病。 小结： 板书：二、传染病流行的三个基本环节 传染源、传播途径、易感人群。	交流：流感是如何流行起来的？做学案中的相应内容。	以生活经验为基础认识传染病的传播途径。
三、预防传染病的措施	讲述：传染病对于我们人类的身体健康影响太大了，我们要千方百计的预防它，预防比治疗更重要。不生病总较比生了病再治好得多。 任务：请同学说一说我们是如何预防传染病的？假如：我们班有一个同学患了甲型肝炎。这位同学要到哪去？我们班内包括桌椅做些什么？我们每个同学又怎样做？又例如：2009 年秋季，我们是如何预防甲型 H1N1 流感？ 小结： 患了甲型肝炎同学要到传染病院（控制）	以切身经历讲预防传染病的方法。 做学案中的相应内容。	通过对生活经验回忆与分析，掌握预防传染病措施。

第十主题 健康地生活

169

教学阶段	教师行为	学生行为	设计意图
	我们班内包括桌椅——消毒（消灭） 我们每个同学——注射球蛋白（保护） 甲流发病的同学——回家（控制） 校内——每天消毒（消灭） 所有同学——注射甲流疫苗（保护） 根据学生总结的预防措施，导出预防传染病措施： 板书：三、预防传染病的一般措施 控制传染源； 消灭传播途径； 保护易感人群。	归纳与提升明确每种做法的意图。	
	讲述：马上要进行期末考试了，学习和复习非常紧张，这时候你患了腮腺炎但身体感觉告诉自己——我能坚持上课。从你个人出发你可以怎样做？其他同学怎样想？你应该坚持到校学习吗？	思考我们每个人的体会，社会责任。	做负责任的公民。
小结	板书内容：传染病的概念，传染病流行的三个基本环节及对应预防措施。 练习：阅读一种未知传染病（红眼病）的资料，说出推测预防措施。	小结并记忆： 积极治疗，适当隔离。 避免与病人及其使用过的物品接触。尽量不到公共场所去。有条件时应用抗生素或抗病毒眼药水点眼 对个人用品或幼儿园、学校、理发馆、浴室等公用物品要注意消	加深知识点的记忆，并通过实例检测知识点的落实。

教学阶段	教师行为	学生行为	设计意图
小结		毒隔离。个人要注意不用脏手揉眼睛，勤剪指甲，饭前便后洗手。	
课后任务	以小组为单位调查：——北京地区常见的传染性疾病。生病的部位、发病的主要季节、传播的途径；预防的主要措施等。	延伸与应用和下一节教学的准备。	

七、板书设计

传染病及其预防

定义：传染病——由病原体引起的能够在人与人之间或人与动物之间传播的疾病。

特点：传染性、流行性

流行环节：传染源 ⟶ 传播途径 ⟶ 易感人群

            ↓   ↓   ↓

预防措施：控制传染源、切断传播途径、保护易感人群

八、课后反思

在这节课中，教师充分利用了学校丰富的白板资源，让学生在白板上板演，不仅可以使教师对各组学生的讨论结果一目了然，而且也便于学生之间互相学习和评价，通过讨论、分析的活动，不仅加深了学生的理解和认识，还最大限度地利用了学生自己提供的教学资源。

在这节课上，我们注重知识源于生活，用于生活。研究的问题从生活中来，学生不会有陌生感，哪怕是学习成绩再差的学生也能知道，知识

第十主题 健康地生活

171

"面向全体学生"；解决问题的方法源于生活，每个学生都经历过，都能说出一两条，每个人都有参与的机会；将学生自己的生活经验通过自己分析提升到科学理论层次，知识易于接受，每个学生都有成就感；用源于生活的理论知识解决来自生活中的新问题，每个学生都能做到，勇敢面对未来。另外，能与人交流也是我们要在教学中教给孩子们的最基本的生存技能。学会尊重别人，倾听别人的想法，获取自己有用的信息，并将知识应用，更健康的生活……这都是成为一个可持续发展的人所必需的基本生存技能。

课例 22 人体的生长和发育

（北京版《生物》八年级上册　第十一章　第二节）

面向全体同学，从学生生活出发设置问题情境，充分调动学生的学习积极性；结合"小组合作学习"、"体验式教学"的思想和在"做"中学的教学策略，教师引导学生主动学习，组内合作分析和解决问题，小组间互相交流，达到全班同学共同攻克疑惑的目的。关注学生个性，结合学生认知规律和身心特点，设计教学活动，使学生在体验中感受青春期人体的生长和发育过程。

使学生在"做"中学，感受自己身体的变化，促使学生在讨论、小组活动中感悟学习的乐趣、方法。积极探索设计一个可以让学生在其中自主学习的场所。在教学过程中，开展师生互动、生生互动，体现出以学生为主体，教师为主导。

一、学情分析

知识技能：初二学生绝大部分已经进入青春期，但他们并未有意识地去了解和认识自己的变化。因此，在讲新课前布置学生制作"我的成长历程"简报，使学生回忆自己的生长发育的过程，梳理不同时期心理感受，并且通过简单的问卷调查，通过前测了解学生对青春期的关注程度，为上好本节课做准备。

情感兴趣：学生对青春期的理解有许多误区，许多学生会"不好意思"或"欲问又怕"等现象，因此在教学活动中联系学生的生活实际，设计教学活动，通过学生的亲身体验，感受青春期身体心理变化，使学生在体验与感悟中汲取知识并激发学习兴趣。

二、教学内容分析

本节课内容为《生物课程标准》第十主题内容之一健康地度过青

第十主题　健康地生活

173

春期。

本节知识是在学习了人体生殖系统以及人体胚胎发育的基础上，了解、认识人体生长发育过程中的一系列重要变化和青春期的自我卫生保健知识，使青少年健康度过这人生的金色年华。

三、教学目标

知识目标：1. 说出人体发育分为胚胎发育和胚后发育两大阶段。

2. 说出青春期在人体发育过程中的重要性。

3. 描述青春期男性、女性在身体外形、生殖器官、脑的结构和心肺功能上的发育与变化。

能力目标：通过对青春期发育过程的讨论，促使学生有意识地观察自己身体的变化，回忆和思考心理变化；在小组讨论中，学会合作与表达；通过分析体检表相关数据，训练学生解读、分析数据的技能。

情感态度价值观：1. 通过对青春期生理变化的学习，使学生认同青春期的重要性，认同应集中精力，努力学习，积极参加各种文体活动和社会活动。

2. 通过爱因斯坦等名人成功的实例，使学生认同成功必须付诸于勤奋和努力。

四、教学重点和难点

教学重点：青春期生长发育的特点。

教学难点：青春期生长发育的特点。

五、教学方法和教具准备

教学方法：合作学习、体验式教学。

教具准备：学生成长历程照片剪辑、学生体检表、多媒体课件。

六、教学过程

教学阶段	教师行为	学生行为	设计意图
导入	演示：学生成长历程照片 活动：猜猜照片是谁？ 组织学生观察同学照片（从小到大变化） 讲述：我们每一个人都是在母体中由一个受精卵发育成胚胎，孕育成胎儿，当我们呱呱坠地后，我们又经历不同的生长发育阶段 设问：人体的生长发育经历哪些阶段？青春期生长发育有什么特点？ 讲述：共同探讨人体生长和发育	观察 观察注意不同时期照片上所反映出来的不同特征；猜出是哪位同学。 听讲 思考质疑 明确学习任务	使学生关注自身变化，引起学生兴趣。
新课 一、人的生长发育分期	板书：第二节　人体的生长发育 一、人的生长发育分期 讲述：人的生长发育可以分为两大阶段：从受精卵到成熟胎儿的胚胎发育阶段；从胎儿出生到成熟个体的胚后发育阶段 讲述：胚后发育可以分为：婴儿期（出生～1岁）；幼儿期（1岁～6岁）；童年期（6岁～11、12岁）；青春期（10岁～20岁）等不同时期 提问：（展示学生不同时期照片）结合自己发育状况，说出各个时期特点？ 出示：人体的两次生长高峰曲线图（遮住下方的年龄阶段） 讲述：图中的纵轴是生长发育的相对速度，横轴是人所历经的年龄阶段。 提问：这张图中的人的生长发育相对速度有什么特点？ 提问：（揭开图中遮住的部分）人体的两	观察 结合自身情况回答问题。 观察 读图 观察图表，找出两个发育高峰。 结合自身发育状况，回答问题。 （胎儿期、青春期） 回忆、思考与交流	分析图表将人的发育分期和两次生长高峰联系起来。 从具体到抽象，从特殊到一般。

175

新课程生物怎么教

教学阶段	教师行为	学生行为	设计意图
	次生长高峰出现在什么年龄期？ 设问：胎儿期过渡到婴儿期的高峰大家都已经度过了，绝大多数同学已经进入人体生长发育的最重要的时期：青春期。请同学们结合近年来自己的身体的外形、生理和心里变化说一说青春期发育的特点？以小组为单位交流。		
二、青春期生长发育的特点	活动：按性别组成讨论小组（每小组6～7人），将各自了解的身体变化用简洁的词汇统计出来，并写在卡片上。 归纳小结学生总结出的变化，进一步开展小组讨论。	由一个小组提出自己归纳的青春期身体变化，其他小组根据发言小组的归纳，依次将相同的卡片摆放出来。 其他小组补充发言	通过交流，了解学生对青春期的认识程度，为教师正确引导学生学习奠定基础。
	板书：二、青春期生长发育的特点 分析解读青春期的身体变化： ①分析班级同学身高、体重变化； 男孩和女孩开始身高（体重）突增的年龄差别；分析图中的两条曲线的两个交叉点（A点和B点）分别说明了什么问题？ 讨论影响身高、体重的因素，计算体重指数，提出身体增长的合理建议。 板书：（一）身体外形的变化 1. 身高迅速增长； 2. 体重迅速增加；	1. 根据体检表计算小组身高体重增长平均值；找出班级身高体重增加最大值，分析数据 分析青春期男女学生身高、体重曲线，说出两次交叉意义	由学生列举出青春期的身体变化后，指导学生按要求分析自己的发育情况。认同青春期是学习的最佳时期。

教学阶段	教师行为	学生行为	设计意图
	②分析神经系统的发育特征；（脑发育状况图、数据） 新生儿的脑重约370g；6个月时脑重约600～700g；2岁时900～1000g；5岁达1200g；12岁时接近成人，脑重约1500g。 讨论：结合青春期脑的发育你怎样认识进入初中后学习科目与内容的急剧增多？爱因斯坦成功的秘密？ 讲述：这时的学习能够促进大脑的发育。 提问：为什么说"青春期是一生中身体发育和智力发展的黄金时期"？ 思考：你怎样利用好这个黄金期？ 板书：（二）生理功能的增强 1. 大脑结构趋于完善。 ③分析心脏和肺等器官的发育特征（给出数据）： 板书：2. 心脏功能加强； 3. 呼吸功能加强； ④分析生殖器官发育曲线： 板书：（三）生殖器官的成熟 第二性征的出现。 提问：如果你是一名男同学，当你发现有的女同学因为月经而影响体育锻炼或劳动时，你应当怎样对待她们？女同学卫生保健有什么注意事项？	2. 分析脑结构和功能变化 学习具备了相应的物质基础的脑的结构日趋完善。 思考改善学习方法和学习状态。 3. 分析数据说出脉搏、肺活量的变化。 4. 结合自身说出第二性征表现；回忆性成熟的标志。 男同学发表自己的观点，女同学谈一谈如何做好月经期的卫生保健。	 正确认识由于性器官发育而出现的一系列正常的生理现象，并培养学生关心他人、尊重他人、帮助他人的良好品质。

第十主题 健康地生活

新课程生物怎么教

续表

教学阶段	教师行为	学生行为	设计意图
小结	请同学用一个词评价青春期身体发育特点。 讲述：青春期在我们身体发生变化的同时，心理也发生着巨大的变化。面对这一系列的变化，你如何应对，青春如何不烦恼？下节课讨论，提出合理建议，解决心理矛盾。	青春期在人一生中的地位。 思考自己心理变化，想要老师帮助分析解决的问题。	设置疑问，引发进一步思考。

七、板书设计

第二节　人体的生长发育

一、人的生长发育分期

二、青春期生长发育的特点

身体外形的变化

1. 身高迅速增长；2. 体重迅速增加；

生理功能的增强

1. 大脑结构趋于完善；2. 心脏功能加强；3. 呼吸功能加强

（三）生殖器官的成熟

第二性征的出现

男性——遗精；女性——月经初潮

八、课后反思

本节课紧密结合学生身体心理发育特点，从学生实际出发，创设情境，引导学生感受"我在变"、说出"我哪变了？怎么变？"，进一步分析"为什么变？"，从而归纳出青春期生长发育的特点。通过科学家和著名运动员成功的案例，渗透情感教育，帮助学生指明青春期成长的方向，树立榜样。

后 记

　　本书的编写，许多人都为此付出了巨大的努力，在此，我们将本书和部分的编写人员列出，以感谢他们付出的劳动。

　　郭宏伟（北京教育学院）担任本书的主编工作，并负责了"新课程理念下的生物教学"部分理论性的生物教学探讨的编写。

　　吕鹤民（北京市第十中学）担任本书的主编工作，撰写了课例20《传统生物技术的应用》，同时负责全书的统稿和负责教学案例部分的通稿。

　　张文华（湖北襄阳市第四十一中学）撰写了课例12《关注合理营养与食品安全》、课例14《动物的运动》等内容。

　　崔颖（北京市东铁营一中）撰写了课例3《单细胞生物》、课例9《光合作用的实验探索》、课例10《食物的消化过程》、课例13《神经调节的基本方式》等内容。

　　何文（北京教育学院石景山分院附属中学）撰写了课例11《均衡膳食（网络资源教学）》、课例15《人的胚胎发育》、课例19《生物进化的原因——自然选择学说》、课例21《传染病及其预防》等内容。

　　陈晟（湖北省襄阳市第三十九中学）撰写了课例4《生物圈》、课例16《基因在亲子代间的传播》、课例17《细菌和真菌的分布》等内容。

　　胡少华（湖北省襄阳市东风中学）撰写了课例1《环境对生物的影响》、课例2《练习使用显微镜》等内容。

　　温和（湖北省襄阳市第三十四中学）撰写了课例5《水中生活的动物》、课例6《陆地生活的动物》等内容。

　　马萍（北京市第十二中学）撰写了课例7《种子萌发的条件》、课例8

《观察叶片的结构（实验）》等内容。

吕佩环（北京市第十中学）撰写了课例18《生命的起源》、课例22《人体的生长和发育》等内容。

另外，限于篇幅的原因，有些优秀的课例在本书最终定稿的时候不得不舍去，这使得他们的辛勤劳动未能在本书中全部体现出来，这是一个不小的遗憾。我们只能是在下一部新生物课程教学的研究作品中将它们收入了。